Rolf Hochhuth

Unbefleckte Empfängnis

Ein Kreidekreis

Rowohlt

Umschlaggestaltung Fritz Hochhuth unter Verwendung
von Details aus dem Gemälde «Diane de Poitiers»
von François Clouet (ca. 1510–1572), National Gallery of Art,
Washington, Samuel H. Kress Collection, und eines Laborfotos
Foto des Autors von Peter Peitsch

1. Auflage Oktober 1988

Schrift Garamond (Linotron 202)
Gesamtherstellung Clausen & Bosse, Leck
Printed in Germany
ISBN 3 498 02895 2

Unbefleckte Empfängnis

Herzlichen Dank dem Berliner Schiller-Theater,
seinem Generalintendanten Heribert Sasse und
seinem Chefdramaturgen Dr. Knut Boeser,
die dem Autor den Auftrag zu diesem Stück gegeben
und die Arbeit großzügig mitfinanziert haben.

«Ich werde die äußerste Achtung vor dem menschlichen Leben von der Empfängnis an bewahren und, selbst unter Bedrohung, meine ärztlichen Kenntnisse nicht in Widerspruch zu den Gesetzen der Menschlichkeit anwenden.»

Genfer Ärztegelöbnis des Weltärztebundes, 1948, nach dem Eid des Hippokrates

«Alle Gesetze sind von Alten und Männern gemacht. Junge und Weiber wollen die Ausnahme, Alte die Regel.»

Goethe: ‹Maximen und Reflexionen›

Inhalt

Personen

Sonja Petrović, Bäuerin
Lisbeth Uhlig, Kuhzüchterin
Dr. Uhlig, ihr Mann, Ministerialrat
Annelies Heinemann, Richterin
Günter Reinbek, Gynäkologe
Professor Rotenburger, sein Chef
Jovan Petrović, Bauer und Gastarbeiter
Zilliger, Psychiater und Landtagspräsident
Schnittger, Kinderpsychiater
Monsignore Siebenstiehl
Ober-Jugendamtmann Arnold, Gewerkschafter
Monika Beranek, Witwe
Esther Schneider, Oberstudienrätin
Oberstaatsanwalt Quacker
Scheckl, Oberwachtmeister
Heike Schrabbel, Soziologin
Zwei demonstrierende Feministinnen
Frau Grätz (die Souffleuse), Protokollführerin, stumm
Klinikpersonal und Gerichtszuschauer, stumm
Ein Säugling, schreiend

Zeit und Ort: Kanzler Kohls BRD

Erster Akt
Milchwirtschaft

«Der alte Kunstgriff der Politik, vom einzelnen abzusehen, mit Massen zu rechnen, im Gegensatz zum Künstler, der die Masse in die einzelnen auflöst.»

Arthur Schnitzler

Ein Hahn kräht, während der Vorhang aufgeht, so laut und selbstbewußt, als bilde er sich ein – wahrhaft ein männliches Tier –, auch die Eier gelegt zu haben. Hennen gackern bescheiden.

Später Nachmittag. Geräte-Waschküche vor dem Kälberstall: Hier wurden früher die Milchkannen gescheuert, heute reinigt man hier nur noch die Kessel, aus denen die Kälber ihr Futter bekommen, soweit es nicht durch eine drei Kubikzentimeter schmale – unter der Decke sichtbare – schwarze Kunststoffröhre den Kälbern aus dem Kuhstall zufließt, denn ihre Hauptnahrung ist Milch, mit «Kraftpulver» vermengt, die sie binnen dreier Monate schlachtreif werden läßt. Links an der Wand ein großer langer Waschtrog voll heißem Seifenwasser, unter vier Wasserhähnen. Auch Hühnerfutter wird hier noch gelagert und bereitet. Rückwand gekachelt, mit einer großen dunklen Tür, dem Zugang zum Kälberstall. In der Mitte ein ausrangierter Küchentisch mit bunter Wachstuchdecke, zwei Stühle, eine Bank; hier wird auch eingemacht, wurden für den Hausbedarf die drei Schweine verwurstet; ein altmodischer Küchenschrank, auch ein Herd stehen noch da, Wäsche ist hier aufgehängt, auch bunte, auch Bettwäsche; und Kupfergerät aus einem Antiquitätengeschäft bringt Farbe in das grau-weiße Bild. Rechts die wandgroße offene Schiebetür zum Hof, dessen Hintergrund die schmucklose Betonwand zum neuen Kuhstall ist, mit rundum laufendem Fenster unter dem nach hinten abschüssigen Metalldach; vor zwölf Jahren erbaut, für 250 Rinder. Dort geschieht die Reinigung der Melkanlage vollautomatisch. Daß dies die Wand eines Kuhstalls, nicht einer Maschinenhalle ist, läßt sich allenfalls ablesen an dem monströsen zweirädrigen Besamungs-Phantom im Vordergrund der Bühne: die zwei Bullen, die Uhligs noch haben, bis sie geschlachtet werden – dann sollen keine neuen Bullen mehr gekauft werden –, bespringen hier nicht mehr die Kühe, sondern nur noch dieses Phantom.

Das Bullensperma wird in die Genossenschaft gebracht, wo es in die Spritzen umgefüllt wird, mit denen Tierärzte dann auf anderen Höfen die Besamung der Kühe vornehmen werden. Uhligs Kühe sind zu lange schon von diesen Bullen besprungen worden, so daß die folgenden Generationen, um keine Inzucht aufkommen zu lassen, mit Sperma aus Kanada besamt werden.

Dieser Spermakarren, den jedes Theater leicht nachbauen oder entleihen kann, steht direkt an der Rampe in der breiten, offenen Schiebetür der Waschküche. Reinbek sitzt auf einem der Kotflügel. Der gelbe, Anhänger-ähnliche Karren ist berädert und bereift wie ein Wohnwagen, aber im ganzen eisernstabil, denn die Bullen sollen ja mit vollem Gewicht – bei Fünfjährigen bis zu 1300 Kilogramm – die Phantomkuh bespringen: einen mit einer schönen rotbraunen Kuhhaut bespannten Metallbehälter, ungefähr in Form eines Kuhrumpfs, auch so hochbeinig, wie eine Kuh dasteht, wenn sie gedeckt wird. An seiner Rückseite, dem Parkett zugewendet, ist die Öffnung mit Schließmuskel aus Gummi und Kunststoff, in die der Bulle einsticht – wobei ihn eine Menschenhand dirigiert, denn er ist zu aufgeregt – und ejakuliert. Der Besamungskarren ist ein einfacher Anhänger, der auch auf andere Höfe gefahren werden kann, um auch dort das Bullensperma aufzufangen, das dem Bauern ungefähr dreihundert, aber auch bis zu tausend Mark pro Ejakulat einbringt. Es reicht zur Besamung für hundert Kühe aus. Diese «Kuh», der Besamungskarren, hat keinen Kopf, auch die Beine sind nicht einmal angedeutet, denn die Blindheit des Bullen, wenn der vorgetäuschte Hintern ihn erregt, ist so groß, daß er weder den Kopf der «Partnerin» noch ihre Beine vermißt – die Kuhhaut hängt einfach von dem Metallbehälter herunter.

Der Bauer Dr. Uhlig – hoher Ministerialbeamter bei der EG-Behörde in Brüssel – ist Mitte Vierzig, sein Freund Reinbek,

der Gynäkologe, vierzig Jahre alt. Uhligs zweite Frau ist Anfang Dreißig, war Volksschullehrerin, ehe sie Uhligs Hof übernahm, den sie leitet und mit einem jugoslawischen Ehepaar, das zwei Kinder hat, bewirtschaftet. Das Ehepaar Petrović aus Bosnien ist Anfang Dreißig.
Sonja Petrović ist eine hochgewachsene Frau mit einem so breiten Becken, daß sie im siebten Monat noch nicht schwanger aussah ... sie überragt andere Frauen durch Größe, Breite, Haarwuchs, auch Schwere wie eine Berberlöwin Schafe; und hat Hände braun und breit wie Mehlschaufeln aus Lindenholz. Sie gehört zu den Glücklichen, die sich stets sofort interessieren für das, was sie tun, so daß sie Arbeit überhaupt nicht als Arbeit empfindet.
Und hat Verstand genug, ihren Mann nie merken zu lassen, daß sie ihm jeweils sagt, was er «anzuordnen» hat. Sie fühlt sich in Deutschland zu Hause; er keineswegs – er gehört zu denen, die daheim öffentlich tätig wären, zum Beispiel als Dorfschulze oder Parteimann: hier kann er das alles nicht, vermißt das auch, abgesehen davon, daß er keineswegs die Gewandtheit seiner Frau in der deutschen Sprache besitzt.
Frauen als die zwar nicht generell Intelligenteren, aber doch von Natur in der Diplomatie Begabteren – diese Erfahrung wird fraglich, wenn man die Uhligs betrachtet: Lisbeth ist musischer als ihr Mann, so klug wie er, aber ganz undiplomatisch-direkt. So hat ihre immerwährende Abneigung gegen Vorgesetzte nicht zuletzt dazu beigetragen, daß sie mit Freude als Bäuerin auf diesen Hof kam – und dem Schuldienst entkommen konnte, und einem Rektor, den sie stets als persönlichen Feind ansah. «Ich würde auf die Dauer auch zu bitter gegen Kinder, da ich selber keine kriege!» Ihre Aggressionen helfen ihr, über den Fluch – sie empfindet das so hart wie einen Fluch – der Kinderlosigkeit hinwegzukommen. Aber nur zeitweise; so spricht sie oft erbittert, nachts liest sie viel, denn, sagt sie gekränkt: «Alles andere nachts lohnt bei mir doch nicht ...» Immerhin glaubt sie ihrem Mann jetzt – anfangs nicht –, und

das hilft ihr seelisch, daß ihm nichts liegt an einem Kind; er hat nämlich aus erster Ehe schon zwei.

Hätte die Gastarbeiterin neidisch sein können auf den stattlichen Hof, den Lisbeth besitzt – in dem, was sie arbeiten, unterscheiden sie sich überhaupt nicht –, so hätte Lisbeth neidisch sein müssen auf die zwei Kinder, die Sonja mühelos zur Welt brachte. Ihre Freundschaft zeigt, daß Menschen zuweilen mit Ausländern viel besser auskommen als mit Landsleuten. Sonja hat noch von einer uralt gewordenen Großmutter russischer Herkunft, ebenso wie ihr blondes Haar, einen unausschöpflichen Vorrat von Sprichwörtern und Bauernregeln, die sie nicht «zitiert», sondern so natürlich und fast unbewußt hineinorganisiert in ihre Reden, daß man mitschreiben möchte. Auch diese Weisheiten verhindern hier den sonst üblichen Frauenkrieg, so daß der Untertitel «Ein Kreidekreis» eine sehr andere Bedeutung angenommen hat als in aller überlieferten Literatur: nicht Sonja wird Lisbeths Feindin, sondern beide Frauen, unzertrennlich, werden gegen ganz andere Gegner zusammenzustehen haben…

Eine trägt für die andere ein Kind aus, Materielles wird zwischen ihnen dabei kein Streitpunkt. Denn: «Uneigennützige Freunde sind keine und andere gibt es nicht.» Und: «Wer für sich nicht sorgt, ist auch als Freund nichts wert.» Als Sonja einmal nicht zu Wort kam – kommt selten vor –, begehrte sie belustigt auf: «Jeder hier am Tisch redet nur von sich – ich will auch mal von mir reden!»

Reinbek, der Jugendfreund Uhligs und Arzt seiner Frau, ein ernster, seelisch beschatteter Mann, ist keiner, der sich freut, wenn er in die Presse gerät, außer – bei wissenschaftlichem Eros – in Fachzeitschriften. Nicht aber, wenn zwei Lokalzeitungen – es gibt nur zwei, und die zweite wird demnächst von der anderen aufgekauft werden – einstimmig über diesen Arzt und einen seiner Kollegen herfallen, wie neulich anläßlich einer Diskussion im bevorzugten Vortragssaal. Dort hatten ihn einige Frauen aus den Reihen speziell der Grünen, aber auch konfessionell organisierte, heftig attackiert, weil sie als Feministinnen zu Recht beanstanden, daß zu wenige Frauen als Ärztinnen in Krankenhäusern arbeiten. Aus diesem verständlichen Vorwurf leiteten sie dann, gänzlich unberechtigt gegen diesen Arzt, der in keiner Weise über Einstellung oder Ablehnung der Nachwuchskräfte in der Klinik mitbefindet, den Vorwurf ab, erstens «als purer Techniker» seine Macht über Patientinnen zu mißbrauchen, indem er ihnen suggeriere, sie sollten sich Babies einpflanzen lassen. Zweitens warfen sie Reinbek vor, er sauge den Frauen nicht deshalb Eizellen ab – das sei nur der Vorwand –, um sie ihnen, befruchtet, wieder einzupflanzen, sondern um mit überzähligen Embryonen zu experimentieren, eine absurde Erfindung! Doch dieser Arzt ist wenig dazu veranlagt, sich öffentlicher Vorwürfe zu erwehren; da er tut, was er für seine Pflicht hält, weil Patientinnen es wünschen, ist er auch zu stolz, sich zu rechtfertigen... Das hat ihn leider nicht aggressiv gestimmt, sondern – viel zu sehr bei seinen jungen Jahren – resigniert.

Weil Reinbek nicht merkt, wie sehr er als Mann Frauen beeindruckt, steigert *er deren sachliche Aggressionen zu persönlichen. Das wäre die Grundlage eines soliden Lustspiels, doch ist, was hier abgehandelt wird, zu ernst, ja traurig. Reinbek, von der Schulbank her ein normaler Demokrat, verachtet inzwischen die Parteilichen, die sich selber in beneidenswertem Selbstbewußtsein schon als «Politiker» bezeichnen, wenn sie kraft ihrer Partei die Pfründe erlangt haben, die zu erhalten oft ihr einziges Motiv gewesen ist, das Parteibuch zu kaufen.*

Denn plötzlich sind ja überall die Stadtparlamentarier und jene im Landtag öffentlich «abgerückt» von der extrakorporalen Befruchtung mit anschließendem Embryo-Transfer in den Universitätskliniken des Bundesländchens: das Geschrei derer, die sich für emanzipiert oder religiös halten, also für «ethisch maßgebend», läßt es den «Politikern» nicht mehr op-

portun erscheinen, im Zusammenhang mit der ins Zwielicht geratenen Fortpflanzungsmedizin in Zeitungen genannt zu werden. Merkwürdigerweise ist sie ja ein Wahlkampfthema geworden, obgleich sie so wenige Ehepaare betrifft; doch jedermann interessiert sich dafür, so daß Parteileute in aller Munde sind – dorthin wollen sie ja –, sofern sie dieses Thema aufgreifen und neuerdings angreifen, ja zu ihrem «Anliegen» machen. Warum ausgerechnet die Fortpflanzungshilfe der Ärzte von jedermann «verfolgt» wird, das könnten Psychoanalytiker vielleicht beantworten. Weder Krebs noch Herzkrankheiten, die Millionen betreffen, können entfernt mit diesem Hitzegrad an Aufmerksamkeit rechnen...

Uhlig entnimmt mit einem Meßbecher einem hohen Papiersack Mastpulver, das er in einen offenen Kessel schüttet; dann holt er eine der Kannen herbei, wie sie früher auf Bauernhöfen als Milchkannen benutzt wurden – jetzt fährt er oder der Jugoslawe die Milch in einem Tankwagen morgens und abends zur Molkerei –, und schüttet dem Pulver Milch zu.
Sein Freund auf der Besamungskarre hat einen Wodka in der Hand.

REINBEK: Euer Hahn – typisch Männchen, kräht dermaßen selbstbewußt, als legte er auch die Eier!
UHLIG: Bitte sag mir, wenn Lisbeth kommt
– sie wird kommen, sobald sie sich ausgeweint hat.
REINBEK: Du übertreibst. Geweint hat sie nicht.
UHLIG: Gestern weinte sie, weil ihr eine Schulkameradin
die Geburt des dritten Kindes anzeigte –
und heute nun vier Kälber geboren:
ein bißchen viel auf einmal.
REINBEK, *der ein wenig angeschlagen wirkt*:
Blickt man deinen zweiunddreißig Kälbern ins Auge...
UHLIG, *ohne sich zu ihm hinzuwenden, über die gebückte Schulter*:

Sind's denn zweiunddreißig, jetzt?
REINBEK: Kann mich verzählt haben,
aber ihre Augen sind alle gleich traurig: ob die wissen,
daß sie nie eine Wiese unter den Klauen haben werden
und nur drei Monate leben?
UHLIG: Natürlich reden wir uns ein, die wissen nichts,
in Wahrheit wissen w i r nichts ... und wollen wohl auch
so viel nicht wissen übers Innenleben derer,
die wir schlachten!
REINBEK: Blieben sie wenigstens länger bei ihrer Mutter –
nicht nur, bis die sie abgeleckt hat!
Und sie auf den Beinen stehen.
UHLIG: Dann wär's doch vermutlich schlimmer,
sie von der Mutterwärme zu trennen als nach nur einem Tag;
sie trinken die Milch mit solchem Eifer aus dem Metalleuter,
daß ich hoffen darf, sie schmeckt ihnen
wie aus der Kuh.
REINBEK: Wenn die Kälbchen so blöd sind wie ihr Vater,
merken sie keinen Unterschied: schon barbarisch
er schlägt ärgerlich auf den Karren, auf dem er sitzt
daß der Bulle diesen Karren hier für eine Kuh hält!
Und diese Haut schon für einen Arsch.
UHLIG, *fällt ihm ins Wort, während Reinbek mit der Hand über das Fell streicht, das den Kuhhintern markiert*:
Hintern ist Hintern: dermaßen bringt dieses Phantom
den Bullen hoch, daß ihn die Gier blind macht
er zeigt den «Einstich»
und Lisbeth ihm von Hand hineinhelfen muß
in diese sogenannte Kuhscheide; aber wir hören auf
mit der Samenerzeugung, der Bulle ist vier Jahre,
jetzt kriege ich noch zwanzigtausend für ihn ...
REINBEK: Ich denke, e i n Erguß bringt dir tausend Mark!
UHLIG: Sicher, doch das Futter? Und m e i n e Kühe
darf er ja schon seit einem Jahr nicht mehr bespringen:
Inzucht, alle zweihundert hatten schon Kälber von ihm!

Gerlach kauft ihn mir ab, den Besamungskarren
übernimmt die Genossenschaft.
Künftig werden nur noch deine Kollegen Veterinäre
den Nachwuchs hier mit der Spritze besorgen:
Samen aus Kanada und Argentinien.
Kommt Lisbeth?
Da er arbeitet und nicht wie Reinbek den Hof überblickt:
Sag mir, wenn sie kommt. Es gibt ein untrügliches Zeichen,
daß die Verzweiflung... gib mir auch einen Schnaps –
in ihr triumphiert: sie liest dann
zum zwanzigstenmal die «Lady Chatterley».
REINBEK: Wieso, im Roman ist es doch der M a n n,
von dem kein Kind kommt!
UHLIG: Eben drum. Sie sagt, sie schreibe demnächst
die Tragödie der Frau, die keines kriegen kann;
einmal sagte ich sogar: versuch's doch!
Ich hätte ihr ebenso empfehlen können, sich aufzuhängen.
Sie schloß daraus, nun sei auch ich schon ohne Hoffnung.
Literatur als Ersatzbefriedigung, höhnte sie.
REINBEK: Wird Literatur öfter sein, als wir wissen.
UHLIG: Sogar gegenüber Menschen, die wir kaum kennen,
glaubt Lisbeth, sich rechtfertigen zu müssen
und erzählt, daß ihre Gebärmutter nur infolge
der Komplikationen mit draufging,
als ihr Myomknoten entfernt werden sollten.
REINBEK, *herzlich*: Wie gut ich sie verstehe: wer
zwei Fehlgeburten hatte und Komplikationen
bei der Gebärmutter-Operation,
... wird's innerlich nötiger haben,
in einem Kind weiterzuleben als alle,
die an den Tod im Ernst nie gedacht haben.
UHLIG: Gibt es solche?
REINBEK: Du und ich zum Beispiel – wie jeder,
der selber noch keine Todesangst haben mußte.
Entschließt euch j e t z t, wenn ihr wollt!

Jede Woche kriegt die Klinik Papiere,
die uns fast schon Gesetze androhen:
der Staat wird in aller Kürze mit Verboten
die Ärztekammer übertrumpfen!
Leihmütter will er sogar bestrafen!
Ärzte, die in den Gremien hocken,
weil sie meist als Ärzte viertklassig sind
und daher lieber tagen als arbeiten
– sind zu allem Unglück auch noch konservativer
als sogar Juristen!

UHLIG: Ich will ja nicht mehr unbedingt ein Kind.
Deshalb unterstellt Lisbeth,
von ihr wollte ich keines,
um diesen Kuhstall meinen beiden
aus erster Ehe zu vererben!

REINBEK, *erfahrungsbedrückt*:
Lächerlich, beschäftigt aber alle:
zweite Ehepartner, die sich nicht im Beruf ausleben
– das kann nicht jeder –, werden mörderisch
gegen die Kinder des anderen.

UHLIG, *nickt*: Und wie oft betrügen alte Männer
mit viel jüngeren Frauen,
die nicht (oder nicht ihnen) geboren haben,
ihre Kinder ums Erbe.
Doch sei ehrlich: können wir dir's noch zumuten,
wenn du Gefängnis riskierst?

REINBEK: Gefängnis vielleicht nicht, aber die Approbation:
die, garantiert, werde ich los, kommt's raus.
Du wirst mir dann einen Job in Brüssel besorgen.

UHLIG: Sind Leihmütter nur in Deutschland gesetzwidrig?

REINBEK: Nein, auch die Schweiz hat sie verboten.

UHLIG: Meine Frage: dürfen wir's dir noch zumuten?

REINBEK:
Natürlich. Reizt mich sehr, der erste zu sein in Europa,
der einen von einem Ehepaar stammenden Embryo

einer Leihmutter einsetzt: bisher nur einmal geschehen,
in Cleveland...

UHLIG, *sehr konzentriert zuhörend*: Sonst stammte
das Ei immer von der Ammenmutter?

REINBEK, *nickt*:
Würde nicht deine Schwester für deine Frau
ein Kind austragen?

UHLIG: Wenn ich es wäre, der noch kein Kind hätte,
für ihren Bruder vielleicht, ja.

REINBEK: Und die Schwester deiner Frau?

UHLIG: Du kennst meinen Schwager nicht,
typischer Achtundsechziger
– junge Hure, alte Betschwester –
radikalster Linker, vom Charakter sogenannte
«Führungskraft»: als Student folglich Asta-Vorsitzender,
heute Aufsteiger in die Chefetage
dieser Anhängerfabrik.
Aber natürlich kann man's nur riskieren mit Frauen,
die selber schon Kinder haben,
damit sie's zu «guter» Letzt nicht behalten wollen!

REINBEK: Also Sonja und Jovan: seid ihr einig
mit euren Jugoslawen?

UHLIG, *unsicher*: Ja, die Sonja würde es tun.
Aber das sozial Unvergleichliche hemmt mich.
Zwar sind die fast Chefs, die zwei, auf unserem Hof;
und doch: finanziell sind wir den Jugoslawen
so über, daß es mich bedrückt, Sonja zu bitten...
mit Geld kann man's nicht abmachen
und ohne Geld schon gar nicht.

REINBEK: Unsinn, entschuldige: wie sonst,
wenn nicht mit Geld
kann man das abmachen?

UHLIG: Jovan soll mit dir heute reden... er weiß,
daß wir hier allein sind, scheut sich aber,
endlich dies Gespräch zu führen.

REINBEK, *lakonisch*: Aus seinem sehr richtigen Empfinden,
vermute ich, daß allein die beiden Frauen entscheiden.
Er repariert den Traktor... offenbar
will er gerufen werden von dir!
Er hat mit dem Kopf zum Hof gedeutet, wo er Jovan sieht.

UHLIG, *tritt aus der Waschküche heraus und ruft*:
Herr Petrović!

JOVAN: Komme, Cheef.

REINBEK:
Die können ja gar nicht mehr weg, weil ihre Kinder
die Schulen hier besuchen; und eine intakte Familie
ist nicht so risikoreich, als wenn ihr
eine Wildfremde zur Leihmutter bittet.
Vor allem gesundheitlich ist Sonja prädestiniert!
Jovan kommt mit verölten Händen, nimmt bei dem Waschbecken einen Lappen, reibt sich die Hände ab, nimmt dann Benzin und zuletzt – dies alles während ihres Disputs – Seife und Wasser. Als er eintrat, hat

UHLIG *gesagt*: Wir stehen zu Ihrer Verfügung, Herr Petrović,
der Professor und ich –

JOVAN, *breites Lachen, aus Verlegenheit – stumm, die Schultern hochziehend, ratlos*:
Was ist ein Mann, daß er... für die Frau denkt!
Jovan, der Jugoslawe, trägt Gummistiefel zu einem monteurblauen Overall. Er hat den jetzt modischen Zweitagebart, ist so groß, daß er zu seiner Frau «paßt», und rascher in seinen Bewegungen, als man bei seinem noch immer «unebenen» Sprechen vermutet; es ist kaum mehr grammatisch falsch, was er sagt, aber langsam. Ein Mann, der Bauer wurde, weil er den Hof der Eltern erben will. Und weil ihn die Einheitspartei seines Vaterlandes anwidert; sonst wäre er «in die Stadt gegangen», beruflich, indem er vielleicht Autohändler und Garagist geworden wäre; politisch, um Abgeordneter einer Partei zu sein, die nicht gegen sein urdemokratisches Empfinden verstoßen hätte: «Mein Groß-

vater saß nicht unter Monarchie in Gefängnis, damit sein Enkel auch muß sitzen, sagt er laut, was er denkt!» Er hat mehr als einmal bei Uhlig, einmal sogar in Anwesenheit Reinbeks, die beide als Deutsche schuldbewußt fast immer schwiegen – denn wer, wenn nicht Deutsche brachten durch ihren Überfall auf Rußland die Rote Armee auch nach Jugoslawien –, seinem Herzen Luft gemacht. Endlich sei es an der Zeit für einen Volksaufstand in Jugoslawien. Nun ist seine ganze große Hoffnung der Kreml-Herr Gorbatschow... «Ich geniere mir», sagt Jovan: «Nicht weil Russen uns von den Deutschen mußten befreien – sondern weil nur sie uns auch von jugoslawische Stalinisten befreien können!» Natürlich weiß er, wie er übertreibt: daß von Stalinismus in seiner Heimat keine Rede sein kann, schon dank Tito nicht... Er ist politisch einfach zu stark engagiert, um wie seine Frau und wie sehr viele seiner Landsleute – weniger oder mehr – sozusagen «unter dem Staat wegzuleben». Jovan sagt: «Mir nicht genug, nur mein eigener Steuerbeamter sein, aber meiste von uns finden genug zu sagen, Steuer kann mir lecken – ich bestimme Höhe von Steuer!» Geld, das nie er, das immer nur Sonja bei sich trägt, hat ihn niemals interessiert; es ist daher auch im Guten und Bösen gar kein Gesichtspunkt für ihn, bei dem, was er mit den Uhligs im Hinblick auf Sonjas Ammenmutterschaft abmachen soll... Sonja hat ihn geheiratet, weil er ein schöner Mann ist. Klug genug, doch damit meint sie nur clever, war er ihr nie; sie hält die Rebe für wichtiger als den Stock, spürt aber manchmal, daß ohne Stock keine Rebe gedeiht...

Die sind, Sonja und Frau Cheefin – denke mir:
längst vereinigt, was sie wollen. Ich denke:
lassen Sie kommen Schwester von Frau.
Schwester ist jünger als Sonja, ist arbeitslos,
Lehrerin. Mann ihr weg. Sitzt da mit eine Kind
wieder zu Hause... nicht leicht für ihr.

UHLIG: Die ist jetzt auf dem Hof Ihrer Schwiegereltern?
JOVAN: Ja. Dreißigtausend Lehrer arbeitslos in Jugoslawien.
Oder nur in Herzegowina, weiß nicht.
Sie ist siebenundzwanzig. Lehrerin,
aber bloß Dienstmädchen von eigene Mutter: schlimm!
REINBEK: Und Ihre Frau, Herr Petrović –
trinken Sie auch einen Schnaps?
Er hält ihm die Flasche hin. Petrović trinkt aus der Flasche, wischt sie ab mit dem Handtuch, ehe er sie wegstellt.
– die meint auch, ihre Schwester würde das tun?
JOVAN, *wieder dieses wortlose Schulterhochziehen, das Unschlüssigkeit andeutet, dann*:
Danke.
Wie kann man wissen! Wie kann man – kann man nicht
am Telefon bereden, muß herkommen, Schwester
herkommen, dann w i r d sie, meine ich!
UHLIG, *bemüht, nicht zu zeigen, wie sehr er sich wundert*:
Ich dachte... Sie dachten das doch auch, sagten es:
unsre Frauen seien schon einig?
JOVAN, *anders jetzt, ziemlich aufgebracht*:
Ja, aber m i c h: wer hat – niemand hat, mich hat niemand
gefragt... Ihre Frau, meine Frau nicht mehr arbeiten,
nur noch komplottieren... immer komplottieren:
komme ich in Zimmer – Stille. Komplott.
Was sage ich Nachbarn, wenn meine Frau hat drittes Kind
– ich aber später habe nur zwei?
Nicht von mir? Hat Frau, Verzeihung,
hat Sonja – geschlafen mit Cheef,
der dann plötzlich, ist Bauch weg bei Sonja,
hat ein Kind?
UHLIG: Nun setzen Sie sich erst mal...
Ich rede sehr ungern mit Ihnen, Jovan,
weil Sie... weil ich Sie nicht ü b e r reden will.
Immerhin, dies müssen Sie bedenken,
wir leben nicht im Dorf,

wir leben auf diesem abgelegenen Aussiedlerhof:
wer sieht denn hier, daß Ihre Frau schwanger ist?

REINBEK, *tut das ab, mit entsprechender Handbewegung*:
Ihre Frau ist so stattlich, daß sie erst...

JOVAN, *versteht nicht*: «Stattlich»? – was ist...

REINBEK: Statiös – groß: hat mir erzählt, Ihre Frau,
daß sie erst im siebten Monat schwanger aussah.
Und wer forscht dem nach, das Kind ist ja hier,
das bleibt ja auch hier
mit Ihnen auf demselben Hof, mit Ihren Kindern...

JOVAN: Ja, meine Kinder: sie werden gefragt in Schule,
deine Mutter hat gekriegt Baby – und müssen sagen,
ja, Baby ist aber nicht unser Bruder, unser Schwester.
Er zeigt auf Uhlig:
Werden ausgelacht. Von Dr. Uhlig Baby deine Mutter?
Trage ich Hörner, daß ich in keinen Hut passe!

UHLIG: Ja, sehe das Problem – dachte allerdings,
wir machten kein Geheimnis, sondern sagten offen,
Ihre Frau würde meiner helfen als Leihmutter.

JOVAN, *rasch*: Wer glaubt das?

UHLIG, *der Petrović wie einen Kameraden an der Schulter faßt*:
Jovan, jeder glaubt das, der dann meine Frau
mit dem Kind sieht. Denn wer würde schon annehmen,
Lisbeth liebte dieses Kind, wenn ich's mit Ihrer Frau
im Ehebruch gezeugt hätte? Das nimmt doch niemand an!

JOVAN, *aufstehend, um zu gehen, nicht verstimmt, sondern resigniert*:
Wir hier, Männer – machen Rechnung ohne Wirt,
ohne Wirtinnen: Frauen, die was wollen
– sprechen zu ihre Mann, du willst doch, daß ich tue,
so lange bis Mann nicht mehr weiß,
daß sie wollte, was er tut.
Männer haben ihre Arbeit, Frauen ihren Willen:
niemand, niemand, kein Kadi

kann m e i n e verhindern, an was sie will.
Selbstbewußt: Aber mich auch nicht abzureisen,
wenn Sonja will.

REINBEK:
Wenn Sonja will, müssen Sie, Herr Petrović, sowieso
für vier, sechs Wochen abreisen, heimfahren,
damit nicht das Kind von Ihnen ist, sondern tatsäch-
lich der Embryo von Uhligs ausgetragen wird,
den ich Ihrer Frau einsetze.

UHLIG, *abschließend*:
Aber so kommt das ja nicht, wir rufen die Schwester
– warum haben Sie nicht früher schon, Herr Petrović,
von Ihrer Schwägerin gesprochen, wir rufen die an
und bitten sie, uns zu besuchen und dann…

JOVAN *und geht ab*:
Was wir tun, Cheef, entscheiden nicht wir:
wenn ich schlage vor Schwester meiner Frau
– meine Frau schlägt zurück: geht dir nicht an!

UHLIG: Wollen Sie mit Ihrer Frau reden, Herr Petrović?

JOVAN, *einfach, nicht aufsässig, sondern sachlich*:
Nein. In unsrer Ehe immer funktioniert,
wenn wir reden nur mit Kinder. Und über Kinder.
Aber nicht reden als Ehe… als Ehe-Menschen.
Reden enden in Krachen.

REINBEK, *lacht, sagt sympathisch*:
Kommt mir vertraut, kommt mir verdammt vertraut vor.

UHLIG, *drei Schritte dem Abgehenden nachlaufend, ruft*:
Jovan…
Der kommt zurück, leise sagt Uhlig:
Sie haben mein Wort, auch ich schlage jetzt vor, daß wir
die Schwester Ihrer Frau einladen, herzukommen:
ich will doch nichts, was euch auseinanderbringt.

JOVAN, *herzlich*: Wußte ich, Cheef, danke.

UHLIG, *sieht nach, ob Jovan außer Hörweite ist*:
Lisbeth kommt. Bei unseren Jugoslawen

ginge es nicht um Geld!
Denn es sieht ja nun doch so aus, als bliebe ich
sehr lange in Brüssel. Und sollte's dort vorbei sein,
komme ich auch nicht auf den Hof zurück,
sondern gehe ins Ministerium nach Bonn.
– Lisbeth wird mir nachkommen, weil wir
Verläßliche haben, mit denen wir den Hof
allein lassen können... ich sag eben,
du sollst nachkommen nach Brüssel
– wir können doch Sonja und Jovan
allein lassen mit dem Hof!

LISBETH: Essen! Warum soll ich nachkommen?

UHLIG: Dachte halt, hättest gewisse Bedürfnisse,
bei deinem Mann zu leben.

LISBETH, *lachend*: So – dachtest du? Ich dachte, denke,
du trägst mir das nur an, weil sich das so gehört
...glaubst du, Günter, daß in Brüssel keine der EG-Damen
mich vollauf bei ihm ersetzt?

REINBEK:
Wenn du das glaubtest – wohntest du längst bei ihm.

UHLIG: Abgesehen davon bin ich ja von Freitagnacht
bis Montag früh hier: und habe schon längst
nicht mehr Hafer für zwei Pferde.

LISBETH: Glaubt man dir aufs Wort. Was wollt ihr essen?

REINBEK: Nur eine Kleinigkeit! Ich habe Nachtdienst.
Ein Brot und eine Tasse Kaffee.
Was bin ich euch schuldig?

LISBETH: Jovan hat schon alles in deinen Wagen gebracht.
Sie rechnet am Tisch, mit Zettel und Bleistift
Eier, Äpfel, Kartoffeln, die beiden Würste, der Schnaps.
Von deiner Klinik kam auch lange keine Rechnung.

REINBEK: Ich weiß schon, warum die keine schreiben soll.
Stolz:
Ich gebe da lieber nicht an, was ich bei dir probiere:
etwas ganz Neues!

LISBETH: Gib mir hundert Mark, dann stimmt's.
REINBEK: Stimmt nicht, viel zu wenig.
LISBETH: Ich runde ab, weil ich's nicht
versteuern muß wie alles, was sonst hier rausgeht.
Nun kommt essen.
UHLIG, *der sich die Hände gewaschen hat*:
Nee – laß doch das Brot für ihn herbringen,
denn hier sind wir allein: Jovan will nicht...
LISBETH: Der murkst noch am Traktor rum.
Das hört man jetzt sehr laut; er probiert am Traktor auf dem Hof den Motor, stellt wieder ab.
UHLIG, *weiterredend, nachdem er wegen des Motors schweigen mußte*:
Jovan will nicht, daß du Sonja bittest,
sondern ihre Schwester.
LISBETH, *bitter*: Günter, hast du gehört, ich soll bitten!
Weil er schon Kinder hat.
UHLIG: Quatsch: «Hat» man Kinder,
die von einem weggeschieden sind?
LISBETH: Und das macht's mir so verdammt schwer,
daß er gar nicht mehr scharf ist auf ein Kind.
Ein Kind von mir bedeutet ihm nichts.
Sie ruft über den Hof; die Männer sehen einander vielsagend an.
Sonja... Sonja!
SONJA: Frau Uhlig?
LISBETH:
Bitte einen Teller Brote für den Professor und Kaffee.
REINBEK, *steht auf, ruft hinterher*:
Nein, ein Brot, bitte, keinen Teller voll.
LISBETH: Also, Sonja, von allem! Wird schon gegessen.
Und zwei Bier.
Zu den Männern:
Wir können auch im Garten sprechen
...wie sitzen wir denn hier?

Lautes Hahnenkrähen.

UHLIG: Sehr gut sitzen wir hier. Setz dich. Die Sonja
muß das nicht mitkriegen: ihr Mann will nicht,
sondern schlägt
seine Schwägerin vor, der ist der Mann durchgegangen.

LISBETH *setzt sich auf den anderen Kotflügel des Besamungskarrens. Uhlig lehnt sich, halb sitzend, auf eine Futterkiste*:
Sonjas Schwester: hab an die auch schon gedacht
– spüre aber, weiß nicht wieso,
daß Sonja die nicht leiden kann!
So fiele auch unsre Angst weg, daß Sonja doch
nicht unseren Embryo austrägt, sondern ihren eigenen:
denn wie können wir von ihr erbitten, dann tagelang
mit Jovan nicht zu schlafen!

REINBEK: Ihr Mann müßte mit seinen Kindern in die Ferien!

LISBETH: Die Schwester gefiele mir besser als Sonja,
denn die wohnt nicht ewig hier,
wird nicht hier, sondern in Jugoslawien alt.
Hier hätte ich sie immer vor Augen wie Sarah die Hagar.
Und mein Kind bliebe dann doch ihres!

REINBEK, *entschieden*: Nein: was heißt ihres: Genetisch,
das habe ich euch doch erklärt,
ist das Kind allein von ihm und dir, aus euren Keimzellen.

UHLIG: Dagegen trug Hagar ihr eigenes aus,
das sie mit Abraham gezeugt hat. Ich zeuge aber unser Kind
mit dir, nicht mit Sonja oder ihrer Schwester!

REINBEK, *nickt*:
Die wird genetisch nicht verwandt sein mit dem Kind,
so wenig wie eine Amme.
Das eben ist für Europa neu!

LISBETH: Gesetzt den Fall, Sonjas Schwester macht mit.
Oder Jovan erlaubt es doch der Sonja...

UHLIG, *unterbricht sie*:
Jovan hat ja nichts zu sagen, fast so wenig wie ich.

LISBETH: Ach, du Armer –

UHLIG, *ganz sachlich unironisch*:
Nein, wirklich. Das habe ich auch eben gemerkt
bei seiner zahmen Auflehnung.
Sonja ist nur geschickter als du im Tarnen, daß sie regiert.
Fragst du? Ich halte's nämlich für unproblematischer,
weil sie hier bleibt.
REINBEK: Sie kommt. Fragt sie beide.
SONJA – *«ihr erschrecket, wenn sie dasteht», heißt es im «Westöstlichen Divan»: Goethe dachte, als er das dichtete, an die Gattin des Kaisers Franz, eine Italienerin, die ihn enorm beeindruckt hat*:
Die Gurken habe ich vergessen.
REINBEK: O nein, nein – ich danke Ihnen. Für mich kein Bier,
für meine Heimfahrt reicht schon der Wodka.
Wirklich, Frau Petrović, viel zuviel. Hier –
Ihr Mann hat mein Auto beladen, danke.
SONJA, *nimmt den Schein; dann rasch ab; man hört wieder den Traktor, jetzt offenbar repariert*:
Danke, Herr Professor – mein Mann
fährt noch in die Rüben; muß ihm sagen,
muß Bier und Sprudelkasten bringen!
REINBEK, *ihr nachschauend, dann*:
Sie findet's natürlich, ein Trinkgeld zu nehmen,
obwohl ich auch weiß, daß die bei euch
eher Verwalter sind als Knechte:
und wenn ihr's auch peinlich findet,
alle Einwände gegen das Finanzielle sind Heuchelei,
immer Heuchelei bei jedem und bei jeder Arbeit.
Gut, daß es Geld gibt: sonst könnte man fairerweise
keinen Menschen um irgend etwas bitten,
– da jedermann für Geld arbeiten muß:
kann nicht unanständig sein, auch alles zu bezahlen!
Traktorengeräusch, ziemlich laut. Noch lauter schreit
SONJA, *die man nicht mehr sieht*:
Ne zaboravi, pivo i vodu!

REINBEK, *unterbricht, weil der abfahrende Traktor für einen Moment zu laut ist*:
Was notwendig ist – im Wortsinn: Not abwendend –
kann gar nicht unanständig sein. Kein Einwand
gegen Leihmütter und Embryo-Transfer
ist so emotionsdumm
wie der, alles, was südlich des Nabels stattfindet,
dürfe mit Geld nichts zu tun haben.
Wer je schwanger war – ich zwar nie –, der weiß,
daß Erbrechen und Verstopfung
so innig wie das Mutterglück
damit verbunden sind. Warum sollte jemand d a s
für andere gratis auf sich nehmen?

UHLIG, *nickt*: Noch dazu für unsereinen?
Die viel Geld haben – vergleichsweise.

REINBEK:
Was ist euer Hof hier wert – eine Million?

UHLIG: Mehr, viel mehr. Mehr als das Doppelte,
aber vergiß nicht, zwei Drittel gehören
der Landesbank Nordrhein-Westfalen:
Hypotheken bis unters Dach.

REINBEK: Steuerlich natürlich vorteilhaft!
Und ihr Bauern habt doch fast zinslose Kredite – oder?

UHLIG: Ich sage ja auch nicht, wir seien zu arm,
zwanzigtausend Dollar für ein Kind zu bezahlen,
auch mehr: j e d e n Betrag zahle ich.

LISBETH: Wie kommst du auf zwanzigtausend Dollar?

UHLIG: Kostet's in New York, ohne Arztrechnung.

REINBEK: Wobei die New Yorker Leihmutter die Hälfte
– schlimmster Wucher! – an den Vermittler,
den Anwalt abtreten muß: die Hälfte!

UHLIG: Zwanzigtausend kommt mir schäbig vor,
wenn ich denke: halb soviel
kriege ich ja noch für unseren pensionsreifen Bullen!
Leise das Telefon, drüben im Haus.

LISBETH: Wer ein Haus kauft – zahlt drei Prozent,
wer ein Kind trägt fünfzig an den Vermittler!
REINBEK: Ich muß in die Klinik. Wie sagt ihr Bauern:
kein Huhn kommt teurer als ein geschenktes.
SONJA, *ruft*: Herr Professor, Telefon!
REINBEK, *noch im Abgehen*:
Ein Kind sollte man umsonst kriegen?
Er rennt weg, läßt dabei die Serviette auf den Boden fallen.
LISBETH: Er hat recht. Je höher in der Einschätzung
der Leute eine Arbeit, desto gigantischer die Heuchelei,
mit der abgestritten wird, daß man sie für Geld macht.
Mediziner sind zwar die teuersten von allen Handwerkern,
aber auch die empfindlichsten, außer unsren Politikern,
gegen die sachliche Feststellung,
daß sie für Geld arbeiten.
UHLIG, *hat sie auf die Stirn geküßt*:
Den Bernard Shaw hätten die Briten fast gelyncht,
weil er schrieb,
alle Ehefrauen machten «es» für Geld.
LISBETH:
Wenn sie sonst nichts machen, wie meine Mutter sonst
nie irgend etwas gemacht hat, dann stimmt das.
UHLIG, *Schulterzucken*:
Frauen wie du, die hier den ganzen Hof schmeißt,
sind damit aber nicht gemeint ... wie könnte ich
den Haufen Geld verdienen in Brüssel,
würdest du hier nicht für zweie schuften?
Und wofür? Also brauchst auch du Erben.
LISBETH: Was hältst du von Sonja?
UHLIG: Ein bißchen Angst hab ich schon vor ihr –
hätte ich aber vor jeder.
LISBETH: Was sollte sie mit einem dritten Kind!
UHLIG: Ich fürchte ja nicht, sie will's behalten:
ich fürchte, wir werden erpreßt.
LISBETH: Sind wir erpreßbar?

UHLIG, *Kopfbewegung in Richtung des Telefonierenden*:
Wenn es nach deinem Geburtshelfer geht – ja:
der empfiehlt eine ausländische Leihmutter,
weil er sie privat entbinden will,
so daß sie gar nicht erst, wie's in der BRD geschähe,
in die Papiere kommt: sondern gleich du
als Mutter ausgegeben wirst, weil uns womöglich sonst
das blöde Jugendamt das Kind wegnimmt.

LISBETH: Das können die doch nicht bei unserem Ordner
voller Nachweise –
sie sieht Reinbek zurückkommen und spricht jetzt zu ihm –
– daß ich nicht austragen kann! ... was hat dich erheitert?

REINBEK, *kommt zurück, lacht, aber gar nicht leichtfertig*:
Schwester Weigander hat
mir eine Freude machen wollen.
Eine Patientin kriegt nach Embryo-Transfer
– nun Drillinge. Und wir haben den Mann bestellt,
um seiner Frau und ihm diese – wie wir dachten –
fürchterliche Eröffnung zu machen.
Eben beruhigt man mich: der Drillingsvater, Polizist,
hat die Klinik so stolz verlassen, als schritte er,
zum Präsidenten gewählt, die Ehrenkompanie ab.

LISBETH, *lacht*:
Klar: wird bald der Kegelkönig am Stammtisch.

UHLIG: Und seine Frau?

REINBEK: Geweint, erst gefaßt – dann vor Freude.

LISBETH: Haben die denn Geld genug für drei?

REINBEK: Beide Beamte ... Beamtinnen kriegen doch
das Wochenbett auch noch vergoldet.
Auch gibt's da noch zwei Großmutter-süchtige Mütter.

LISBETH: Drei! Und wieviel habt ihr bei der befruchtet
und eingepflanzt?

REINBEK: Fünf: geschieht oft genug,
daß auch von fünfen keines angeht.

UHLIG: Was macht ihr mit unbefruchteten Eiern?
REINBEK: In den Ausguß ... notgedrungen, sind ja
noch keine Lebewesen.
Daher hasse ich ja auch die Phrasen der Gesetzgeber,
Verordner, Ärztekammern, Parteigremien,
Grundsatz-Kommissionen, Ethos-Monopolisten,
Sozial-Ethiker, Psychologen!
In der neunzehnköpfigen Benda-Kommission
der Bonner war keine Frau zugelassen,
die selber betroffen ist.
UHLIG: Konnten du und deinesgleichen
das nicht beanstanden?
REINBEK: Deine Illusionen: nicht einmal reden
darf man offiziell von Leihmüttern.
Die werden da eingeschätzt wie eine, die für Geld fickt.
Prostitution der Mutterschaft wird das genannt.
Da sitzen doch Leute, die alles in Frage stellen,
nur dies nie: warum medizinische Dinge sie
besonders dann interessieren, wenn das Operationsgebiet
zwischen Nabel und Knie ist.
Keine künstliche Niere, keine Transplantation
– nein: der Uterus interessiert sie, sonst nichts.
Ich würde nie mehr meine Professur kriegen, hätte ich,
bevor ich die hatte, schon geschrieben:
daß kein Arzt erbetene Hilfe verweigern darf,
wenn die Gesundung schafft oder Leben.
Jemandem wie Lisbeth nicht zu helfen, seit wir's können,
halte ich für ebenso amoralisch wie jemandem
eine Prothese vorzuenthalten.
LISBETH:
Ist ein Kind weniger ein Bedürfnis als eine Prothese?
UHLIG: Und das dürfte kein Mediziner drucken lassen,
sagst du, der nicht beamtet und etabliert ist?
REINBEK *zu Uhlig*: So ist es. So und nicht anders.
Du als Parteimann mußt versuchen,

Lisbeth und ihre Leihmutter
reinzubringen in die hiesige Grundsatz-Kommission.
Daß du in eigener Sache redest, erfährt ja keiner.
LISBETH: Warum sollte das keiner erfahren?
Ich möchte sogar sagen: daß man Betroffene
oder Betroffener ist, sei Voraussetzung,
in einem solchen Gremium mitsprechen zu dürfen.
Die Flüchtlingsverbände wurden ja auch nicht
aus Einheimischen rekrutiert
– sondern aus Flüchtlingen.
Das Gezeter über Leihmütter heute
ist nur das Resultat der Neuheit:
die nächste Generation wird Leihmütter
nicht fragwürdiger finden als wir heute das Impfen.
Als es noch keine Säuglingsnahrung zu kaufen gab,
fand jeder normal, eine Amme zu mieten...
REINBEK: Ja. Das Notwendige wird immer
als normal akzeptiert.
LISBETH: Mich bedrückt die Vorstellung,
daß mein armer Mann
seine dritte Vaterschaft als Solist beginnen soll –
ist es wahr, daß er da bei euch in der Klinik einsam
womöglich im Klo in ein
Kunststoffgefäß wichsen muß...?
REINBEK, *lacht*: Du liest zuviel Illustrierte!
Quatsch, ihr macht hier
wie immer das Ehe-Übliche, nur daß er zuletzt
es nicht in dich, sondern in den Samenbecher spritzt,
den du ihm hinhalten wirst...
Abgehend: Doch ich muß zu einer Problempatientin.
UHLIG: Und ich in meine Rüben.
Er bleibt noch, Reinbek geht, der Lisbeth schon umarmt hat, als er noch sprach; den Freund faßt er nur an den Arm. Ab.
LISBETH, *beginnt links in dem langgestreckten, trogähn-*

lichen Bassin voller Seifenlauge Kannen und Kessel und Schüsseln abzuschrubben; ruft Reinbek nach:
Sagst du bitte Sonja, daß sie kommt?

UHLIG: Ich hab noch nie gelesen, daß jemand
eine Frau bemüht hat,
die dauernd da bleibt, also eine
aus der eigenen Umgebung. Wird das gutgehen?

LISBETH, *feindselig*: Wenn ich auf dich warte:
geht gar nichts.
Weil du – lassen wir das, du hast halt Kinder!

UHLIG: Muß ich mich für die schämen?

LISBETH: Wenn Verwandte ausgetragen haben,
die Schwester – oder gar die Mutter der Frau:
dann gab es keinen Krach!
Und die bleiben ja auch da!

UHLIG, *ziemlich verärgert*:
Man wird ja wohl noch warnen dürfen.
Und Jovan will nicht, daß Sonja es macht!

LISBETH *ist zu ihm gekommen, hat beide Hände, sie hoch haltend, voller Seifenschaum; lächelt und hält ihm zum Kuß den Hals hin*:
Gib mir einen Kuß – heute wird nichts entschieden!
Uhlig tut, was sie will – nur weil sie's will. Und geht rasch ab.
Lisbeth, allein, wäscht und schrubbt und trocknet weiter die Gefäße ab, aus denen die Kälber (nicht vollautomatisch wie die Kühe nebenan) gefüttert werden.
Schweigen.

SONJA *tritt auf*: Ich mache jetzt den Hühners Futter.
Sie mischt mit bloßen Händen in einer alten Waschschüssel Hühnerfutter und tut etwas aus Dosen dazu.

LISBETH, *automatisch spricht sie zu Sonja langsamer als zu ihrem Mann*:
Können Sie sich denken, warum der Professor
heute so lange geblieben ist?

SONJA, *ihre Redeweise – geschultes Deutsch zwar, nach siebenjährigem Aufenthalt in Deutschland, nach zweijährigem in Österreich – ist «hart», wie wir empfinden, wenn Slawen sprechen; doch erstaunlich korrekt und mit beträchtlichem Wortschatz. Auffallend, daß sie nicht immer alles mitbekommt und deshalb oft nur ungefähr antwortet, doch selber präzise fragt und feststellt*:
Er hat nicht Gemüse gekauft, warum?
LISBETH: Nein, ich fragte, ob Sie ahnen, warum er hier war?
SONJA, *versteht nicht*: «Ahnen» –?
LISBETH: Ahnung – wissen Sie, worüber wir geredet haben?
SONJA: Er kommt jede Woche! Und ... natürlich
... über was auch wir, Sie zu mich reden! Oder?
LISBETH, *lacht*: Warum, denken Sie?
SONJA: Nich schwer denken, ist Frauen-Professor.
Ich muß wieder auch in Klinik wegen Spirale.
LISBETH: Ganz direkt, Sonja: Ihre Schwester,
meinen Sie, die würde mir helfen?
Sie ist noch nicht dreißig ...
SONJA, *erschrickt*: Meine – Schwester?
LISBETH: Ich dachte: ihr Mann ist ihr weg, ihr Kind
so jung, daß es noch nicht zur Schule geht.
Sie findet keinen Job in Jugoslawien ...
Es würde uns beiden helfen.
SONJA *hat schon, während Lisbeth sprach, von ihr nicht bemerkt, sehr befremdet dreingeschaut*:
Schwester: warum Sie nicht wollen – mich!
LISBETH, *hört auf zu arbeiten*:
Aber Sie haben sich nie angeboten,
und wissen doch seit Jahren ...
SONJA, *lacht verlegen*: Doch. Habe. Nicht direkt, aber habe.
Angeboten? So Intimitäte angeboten:
direkt – unmöglich.
Wußte doch nicht sicher, daß hoffnungslos.
LISBETH: Hoffnungslos, absolut jetzt – sehen Sie:

Ihre Schwester müßte keinen Mann mehr fragen.
SONJA, *lacht*: Frage ich?
LISBETH: Aber für mich wäre es gut, wenn das Kind
nicht in Deutschland ausgetragen wird –
die Behörden sind hier so stur, besser
ich fahre nach sechs oder sieben Monaten
ins Ausland und bringe das Kind als eigenes mit heim...
Nichts ist natürlicher, als daß ich bei meinem Mann
in Brüssel war, ein Vierteljahr... niemand hier fragt,
ob dort oder sonstwo die Geburt stattfand...
halt ein Siebenmonatskind
kam auf einer Reise zur Welt.
Jedenfalls geht es das Jugendamt nichts an.
SONJA: Aber was sagen Leute, wenn meine Schwester
ist schwanger – und hat dann kein Kind?
Und Mann ihr auch weg?
LISBETH: Hier: niemand kennt hier Ihre Schwester!
Und in den letzten Monaten geht sie mit uns
nach Brüssel oder sonstwohin, wo niemand Ihre Schwester
– und niemand mich kennt!
SONJA, *heftig*: Hier? – meine Schwester: nein, will ich nicht
– will meine Schwester hier nicht haben!
Sie spricht plötzlich anders, viel weniger glatt deutsch:
Sie sind... zu mir so – so ehrlich,
auch ich, wie sagt man, verehrlichen Ihnen.
LISBETH: Vertraue Ihnen, Sie vertrauen auch mir...
SONJA: Vertrauen Ihnen, ja. Also... nie – ich nie, weil es
mich so schämt, Ihnen gesagt.
Sie haben mir doch die Illustrierte von alte Doktor Freud
– haben mir gegeben –
Buch ist mir zu schwierig, aber Illustrierte
kann ich gutt lesen:
Doktor Freud – großer Bericht,
immer, so steht in diese Illustrierte,
immer, so lange er war geheiratet, Jahrzehnte –

immer in Schwester von Frau ... von seine Frau verliebt!
Gewohnt sogar bei Familie von Doktor Freud,
diese verdammte Schwester,
gereist sogar Schwägerin und Doktor Freud.
Gereist nur die zwei.
Sehen Sie: so mein Mann – meine Schwester!

LISBETH, *bestürzt*: Jovan! – der Jovan liebt Ihre Schwester?

SONJA: Seit – erste Tag. Ja. Ja – ich brachten zu Hause,
Jovan meine Eltern zeigen. Und er sah meine Schwester
und sah – ja: daß er zu ... zu schnell hatte gewählt. Ja.
Sie hört auf zu arbeiten und setzt sich. Mütterlich, schwesterlich sagt

LISBETH: Der Jovan liebt dich! Sehe ich doch – sag auch du!
Solche Gespräche führt man nicht
und sagt noch: Sie.

SONJA, *die Klügere*: Nein, was sagt Jovan,
was sagt Ihr Mann, wenn Sie – wenn ich sage: du.
Nein, danke – später! Jetzt: Sie.

LISBETH: Aber ich sehe doch, dein Mann liebt dich!

SONJA, *Lachen, bedrückt*: O ja: er liebt, was er hat,
weil er nicht hat, was er liebt ...

LISBETH, *faßt sie an, lacht, aber auch bekümmert*:
So ist das ein bißchen – bei allen!
Wie kam denn das mit deiner Schwester,
woher weißt du das?

SONJA, *endgültig*: Erster Blick. Erster Blick – passiert,
er hat nicht daran Schuld. Wie ein Autozusammenkrach.
Jovan kommt auf unseren Hof – Schwester kommt
aus der Scheune ... und er ver ... verzerrt,
Gesicht verzerrt.
Augen ... wie gucken muß in Sonne. Stimme anders,
armer Jovan! Wußte – sofort wußte:
hat die Falsche gewählt – mich! Die Falsche.
Meine Schwester war siebzehn. Ja. Und sehr schön.

LISBETH: War Jovan so ehrlich – und hat's dir gesagt?

SONJA: Ehrlich? – Ein Mann? Wann ist ein Mann ehrlich?
Vielleicht, aber nicht mutig, jedenfalls nicht vor Frau.
Wir haben doch – nun,
wissen, in Zagreb: Jovan und ich – geschlafen.
Und mein Vater: ein Bauer heiratet nicht an einen Mann
jüngere Tochter zuerst. Ich bin sechs Jahre alt
– älter als meine Schwester.
Oh, sie war wirklich so schön wie jung.
Jovan konnte mich nicht vertauschen für Schwester:
das ist anders ... bei uns ganz anders:
da schickt man den Bruder!
Aber hier – so weit weg, in Deutschland: nein!
Können Sie nicht von mir ver ... fordern, daß ich
– Schwester hole zu meine Mann!
Nein ... bei uns ist alles sehr ... sehr ausge ... artet.
Auf den Höfen verändern hundert Jahre – nichts.
Nur Geräte, Maschinen, natürlich. Sonst nichts.
Nein – Jovan mußte. Ich war Jungfrau
– dachte er. War es nicht!
LISBETH, *lacht, weil auch Sonja kurz auflachte*:
Wie konnte er's denken, wenn du's nicht warst?
SONJA, *grimmiger Ernst, nicht lachend*:
Hat mir dann gutgetan, als ich sah:
ich bin die Falsche, meine Schwester die Richtige
– da hat mir gutgetan, daß ich Unschuld
wieder hatte nähen lassen in Klinik in Beograd:
nur dreißig Mark nach deutsches Geld
kostete neue Unschuld – wie sonst für dreißig Mark
kann man eine solche Freude kaufen
für den Bräutigam: Jovan war Pfau ... war
... pfaustolz, daß ich Unschuld be ... halten:
Männer müssen alles essen, aber nicht alles wissen!
Verlangen Sie nicht,
meine Schwester holen!
LISBETH: Liebt sie denn auch den Jovan?

SONJA, *Achselzucken, fragend*: Immer auch, oder?
Zu Hause, sie sagen:
viel Geld rührt den Beamten,
viel Liebe – die Frau. Oder?
LISBETH: Könnte so sein.
SONJA: Er kann nicht dafür, aber doch
– große Beschämtheit für mich:
immer die Falsche sein?
LISBETH:
Die Männer haben auch ihre Beschämung, ihre Niederlagen
denk an meinen … seine ganze Sehnsucht war:
Bauer werden, Tiere züchten, Früchte ernten
– aber was macht er nun? Obst vernichten:
EG-Kommissar für Baumfrucht-Vernichtung,
Millionen Tonnen jährlich in der EG
allein Baumfrüchte: Äpfel, Birnen, Zwetschgen,
Mirabellen – muß er vernichten.
Dazu aber Millionen Tonnen Tomaten!
SONJA: Wie kam er nach Brüssel?
LISBETH: Sein Vater sagte: «Junge, ein Gut
kann ich dir nicht kaufen,
doch von einem Hof kann niemand mehr leben!
Werde Arzt, wie ich.» Aber mein Mann, weil er als Kind
Tiere höchstens im Zoo gesehen hat –
liebte Tiere so, daß er welche züchten wollte.
So studierte er Landwirtschaft.
Und da alle Höfe von Parteien leben,
ging er auch in eine und geriet nach Bonn
und dann nach Brüssel: jetzt kann er sich
vom Gehalt des europäischen Obstvernichters
den Luxus leisten, hier Kuhzüchter zu spielen.
SONJA, *strahlt stolz*: Er hat aber auch, wir alle vier haben:
die schönsten Rinder weit und breit!
LISBETH, *sehr bitter*: Ja – doch der Preis: die Kuh,
die ihm am nächsten steht, kann nicht kalben!

Sonja drückt sie an sich.
Lisbeth, sofort in Tränen: So oft ich hier
ein Kälbchen mit dir aus der Kuh ziehe
... zum Heulen! Wenn's nicht so lächerlich wäre.
Sie raucht.
SONJA: Sie werden haben ein Kind.
Einfach, ganz pathosfrei
Ich tragen Kind für Sie,
was muß Professor mit mir machen?
LISBETH: Sonja, nein: überleg dir zehnmal
– gerade auch, weil du sagst,
ihr habt Spannungen – frag ihn erst!
SONJA, *lacht wie eine Herrscherin*:
Schon deshalb – nein! Nicht. Frag ihn nicht.
LISBETH: Du bietest das jetzt an,
weil du deine Schwester nicht willst.
Ich finde eine andere.
Ich hab ja noch gar nicht gesucht.
SONJA: Haben gefunden – mich.
LISBETH, *küßt sie*: Ich nehme das erst an,
wenn du Zeit genug hattest, mit Jovan zu überlegen.
Der Professor kann der Leihmutter meine Eier,
wenn die mit dem Samen meines Mannes
befruchtet sind,
nur an bestimmten Tagen innerhalb ihres Zyklus
einsetzen: und sie muß ... ohne Mann sein,
sonst könnte auch ein Ei der Leihmutter
mit dem Samen ihres Ehemanns
auf normale Weise befruchtet werden.
Auch deshalb dachte ich an deine Schwester:
weil die jetzt – vielleicht – ohne Mann ist!
Du verdienst dir einen Bauernhof
oder doch den Anfang dazu: zwanzigtausend Dollar!
SONJA, *ein Aufschrei*:
Was! – hätten nicht sollen sprechen von Geld: unmöglich!

LISBETH: Umgekehrt: ohne Geld – unmöglich.
Warum jeden belanglosen Dienst
sich zahlen lassen, nur diesen nicht?
Würde denn Jovan dir's erlauben?
Immerhin wird er zwei Wochen
mit dir nicht schlafen dürfen – also fort sein müssen,
der muß heimfahren.

SONJA, *lacht laut*:
Nach Hause? Zu meine Schwester! Rufen Sie an:
Schwester helfen soll,
weil Jovan fährt heim. Kein Tag früher.
Wann Schwester hier – abfährt Jovan.

LISBETH: Gut, ich rufe an, daß sie kommt.
Du redest ihr auch zu!
Du weißt, Reiche, die Kinder wollen
– kriegen Geld. Arme, die Geld wollen
– kriegen Kinder.
Reich sind wir nicht, aber viel zuviel Geld ist da,
es allein den Kindern meines Mannes zu vererben,
die mich hassen, weil ihre Mutter mich haßt.
Die erben in der Stadt,
den Hof hier soll m e i n Kind kriegen: u n s e r e s, Sonja!
Du weißt nicht, was du für mich tust:
sag deinem Mann, er kann heimfahren und euch dort Land
für zwanzigtausend Dollar kaufen...

SONJA: Der Bauer soll reden mit Jovan, ich nicht...
unsre Ehe... immer ganz gut, wenn wir – nicht reden!
Er sagt, ich hab Mundwerk wie Dreschflegel,
dabei kann e r schwätzen wie von Partei.

LISBETH, *man hat scharf ein Auto vorfahren hören, Türenschlagen. Ihr Mann, wie nicht zu sehen, aber zu hören ist, stellt Kästen mit Bier und Sprudel auf den Hof. Sie sagt*:
Hörst du – jetzt bringt der Bauer Bier: Du hast doch Jovan gesagt, er soll Bier holen...

Wann soll ich dich anmelden beim Professor?
Diesen letzten Satz hat der Bauer gehört, er kam ans Tor. Nun sagt er

UHLIG: Ihr duzt euch? – habt also konspiriert?

LISBETH: Bist du nicht in die Rüben?

UHLIG: Hab Bier und Sprudel gebracht.

LISBETH: Sonja – hat Gründe, es lieber selbst zu tun,
und daß du mit Jovan reden sollst,
haben wir beschlossen.

SONJA: Aber nicht meinen Mann bitten! Hier hat er mir
– nicht ich ihm zu parieren!
Sie lacht plötzlich unbändig.

UHLIG, *so ernst wie verlegen, auch unsicher*:
Aber Sonja: das geht nicht. Ihr Mann hat doch
selber vorher Ihre Schwester vorgeschlagen!

SONJA, *schreit, blickt wie eine Furie auf Uhlig*:
Mein Mann? Meine Schwester!
Was sag ich, was hab ich ...

LISBETH, *als verliere sie alle Hoffnung; ziemlich leise*:
Wann hast du denn geredet mit Jovan:
was geht denn euch verdammte Männer
das überhaupt an!

UHLIG *begreift nicht – dann in heftiger Wut*:
Was sagst du da ... was mich, was uns das angeht?
Ja, wer ist hier wahnsinnig: liegst du mir nicht dauernd
in den Ohren, ich sei zu feige, endlich mit Jovan zu reden!
Doch wenn ich's tue ... bist du verrückt geworden!
Sonja, glauben Sie, meine Frau will –
hat immer gewollt, ich sollte Ihren Mann fragen und –

LISBETH, *verächtlich*:
Er begreift nichts, hörst du, Sonja: er begreift nicht!
Es geht nicht darum, daß du mit Jovan gesprochen hast
– Sonja ist entsetzt, daß Jovan
ihre Schwester vorschlägt!
Aber das begreifst du nicht, was begreifst du denn

... überhaupt, du – du: Obstvernichter!

UHLIG, *begreift tatsächlich nichts, wie sollte er*:
Warum sollte Jovan – plötzlich ein Verbrechen? –
nicht denselben Vorschlag machen wie du:
daß Sonja ihre Schwester fragt...

LISBETH, *während Sonja sehr betroffen nichts sagen kann*:
Eines schickt sich nicht für alle, verstehst du!
Verstehst du nicht, natürlich nicht... geh in die Rüben.
Geh in deine Rüben, Mann – geh.
Sie rennt weg. Zu Sonja sagt, freundlicher als er zu Lisbeth sprach

UHLIG: Warum sollte es Ihr Mann, Sonja, nicht lieber sehen,
daß Ihnen das erspart bleibt – doch Ihre Schwester,
die jetzt keinen Mann hat, das für uns tut?

SONJA: Was einer nicht hat, verstehen Sie... davon...
immer davon er muß reden.

UHLIG, *Schulterbewegung, die Unverständnis anzeigen soll*:
Was hat Jovan nicht – wovon redet er?

SONJA, *einfach*:
Meine Schwester. Hat meine Schwester nicht –
– immer, deshalb immer: er denkt an ihr, er redet von sie.
Endgültig: Ich für Ihre Frau trage das Kind.
Erst recht jetzt.

UHLIG, *der nicht sieht, wie hinter seinem Rücken Lisbeth zurückgekommen ist und am Türpfosten lauert; sie fürchtet, daß ihr Mann alles verpatzt*:
Aber Ihre Ehe, Sonja?

SONJA, *als ziehe sie einen Expander auseinander*:
Oh... ist... ist aus... ausdehn... auszudehnen.
Hat sieben Leben wie Katzen, unsre Ehe.

UHLIG: Ich hab Jovan versprochen, Ihre Schwester zu bitten.

LISBETH, *schreit; Uhlig wendet sich überrascht heftig ihr zu*:
Weil du keine Ahnung hattest. Geh in deine Rüben!

UHLIG, *ein Schritt zu Sonja hin, faßt sie mit beiden Händen an den Schultern*:

Sonja, Sie hören's, wie ihr Unglück meine Frau kaputtmacht!
LISBETH, *bitter*:
«Ihr» Unglück, hörst du: nicht auch seins!
UHLIG, *einfach, ehrlich*:
Nein, ich werde erst unglücklich, wenn du's bleibst.
Sonja, wenn Sie das für uns tun,
verpflichten Sie uns bis zum Jüngsten Gericht.
SONJA, *geniert, wegen ihrer Anwesenheit bei Uhligs Ehekrach, bemüht abzulenken*:
«Verpflichten?» – was heißt: verpflichten?
LISBETH: Heißt, wir sind immer in deiner Schuld...
SONJA, *sachlich, nicht auftrumpfend*:
Oh – nein: ich war gern... bei beide Kinder,
sehr gern schwanger. Man ist dann so... in sich
– so ruhig. Und ge... gesichert.
LISBETH, *feindselig*: Wie grausam du mich neidisch machst.

Vorhang

Zweiter Akt
Sozial-Ethiker

«Das Abendland geht nämlich ... zugrunde ... an dem hündischen Kriechen seiner Intelligenz vor den politischen Begriffen... Daß diese politischen Begriffe die primären seien, wird von dieser Art Intelligenz der Clubs und Tagungen schon lange nicht mehr bezweifelt, sie bemüht sich vielmehr nur noch, um sie herumzuwedeln und sich von ihnen als tragbar empfinden zu lassen... Alles Primäre entsteht explosiv, später erfolgt die Finessierung und Applanierung – eines der wenigen unanfechtbaren Ergebnisse der modernen Genetik. Diskontinuierlich, nicht historisch mutiert die Entelechie. Das ist ein allgemeines Gesetz. Wo aber immer bei uns sich im Geistigen etwas Primäres andeutet, ein vulkanisches Element, greift die Öffentlichkeit ein mit Abtreibung und Keimzerstörung; erscheint die obengenannte Gruppe mit ihren Clubdebatteuren, Round-table-Vor- und Beisitzern, Versammlungsmatadoren, ruft auf, sammelt Unterschriften im Namen von Vergangenheit und Zukunft, von Geschichte, von Enkelversorgung, von Mutter und Kind; – die Kulturphilosophen, Kulturdeuter, Krisenphänomenologen strömen zusammen, denunzieren, eliminieren, rotten aus – und natürlich auch die Herren Chefredakteure in ihren großen Presse-Limousinen als die beruflichen Dammrißflicker, leider heute wie meistens, vor der Geburt – und alles dies zum Schutze von Demokratie und Humanität, – was soll also eigentlich das ganze Gerede...»

Dr. med. Gottfried Benn, Berliner Brief, Juli 1948

«... bedeutet es ein Novum, daß nicht mehr der Patient und sein beratender Arzt, sondern ein politisches Gremium bestimmen soll, ob und wie bestimmte medizinische Therapien anzuwenden sind. Ein solcher Schritt ist ein Angriff auf die Rechte des Patienten und auf die Behandlungsfreiheit des Arztes.»

Dr. med. Diego Hagmann im Schweizer Beobachter, 3/88.

Statt des sogenannten Kleinen Hörsaals der Universitäts-Frauenklinik (UFK) mit seinen steil ansteigenden Hörerreihen, die in einem fast sich schließenden Kreis um den Platz des Dozenten aufgebaut und hier schwierig zu zeigen sind – heute nur der Raum der «Klugen Runde», so genannt, weil ein sechzehn Personen Platz bietender runder Tisch im Zentrum steht. (Die dem Parkett zugewendete Hälfte des Tischs hat zwei kürzere Beine, um etwas abfallend und deshalb überschaubarer zu sein.)

Die «Kluge Runde» ist die Bezeichnung für die wöchentlichen Sitzungen der Klinikdirektion, der medizinischen wie administrativ kaufmännischen, bei denen keine «Fälle» zu demonstrieren sind, deshalb steht auch fast kein medizinisches Gerät im Raum; ebenso wie durch den sehr großen Tisch wird der Raum charakterisiert durch in die rechte und linke Wand eingebaute Bücherschränke: abschließbar, hinter Glas, weil ja Bücherdiebstähle überall als Kavaliersdelikte gelten und usus sind.

Auf dem Tisch, in seiner Mitte, steht ein kleines Lesepult, das – nicht immer – zu dem jeweils Vortragenden hingeschoben wird. Kein Stuhl, mit besonderer Lehne, der anzeigte, daß einer hier als Primus inter pares sitzt, sondern weiße Klinikstühle, passend zu dem ebenfalls weißen Kunststofftisch. Ein häßlicher greller Leucht-«Körper» über allem. An der Rückwand Porträtfotos aus den vergangenen 120 Jahren: die Klinikchefs in der Abfolge ihres Wirkens. Zwei Türen an der Rückwand.

Der Chef, Professor Rotenburger, ist 67 Jahre alt, sieht aber viel älter aus: ein abgearbeiteter, immer «da» gewesener, aber philosophisch-resignierender Kliniker, der sich einbildet, aus seinen beiden Kindern sei «nichts geworden», weil sie nicht in s e i n e m *Sinne erfolgreich sind. Rotenburger wurde jung Professor und hat niemals die Fähigkeit entwickelt zu delegieren, weshalb er vorzeitig abgewrackt ist; nicht Arroganz, sondern*

Ängstlichkeit hat verschuldet, daß er zeit seines Wirkens gemeint hat, sich persönlich um alles kümmern zu müssen. Er spricht, vom Dorf stammend als Tierarztsohn, ausgeprägt den Dialekt seines Bundeslandes, das er höchst selten verlassen hat, kaum um zu reisen, sondern um – unter sanftem Zwang – zu Fachkongressen im Ausland zu fliegen. Selbstironie hatte er mehr, als mit einem normalen Selbstgefühl noch vereinbar ist. Ironie aber gegen andere hat er mühsam entwickelt, so auch Zivilcourage: mit der materiellen Unabhängigkeit, die er als Großverdiener früh besaß, war er noch keineswegs mutig geworden; erst seit er weiß, daß er auf jeden Fall im nächsten Jahr pensioniert wird und es ihm also nichts mehr einbringt, vor den Behörden und Parteien, die über seinen Vertrag befinden, wie zeitlebens zu ducken – ist er mutig genug, ihnen unversteckt entgegenzutreten wie heute hier; er übertreibt ein wenig wie alle Ängstlichen, die sich vorgenommen haben, nun endlich doch zu guter Letzt noch eine Mutprobe abzulegen und mit Anstand abzutreten, was nicht geht, ohne die Unanständigen zu provozieren…

Noch hat niemand Platz genommen, außer der Protokollführerin (Souffleuse). Bei noch offenen Türen, die auf den Flur gehen, stehen die Mitglieder der Ethik-Kommission und die Ärzte dieses Hauses – Frauenklinik der Universität –, soweit sie nicht mit Patientinnen zu tun haben, nach Tisch hier herum und warten offensichtlich auf Rotenburger und Zilliger, den Klinik- und den Ausschuß-Chef, die aber nach einer halben Minute zu den Umherstehenden hinzutreten. Damen und Herren des Bühnenpersonals sind gebeten, im Arztkittel oder auch in ihrem Zivil als Statistinnen und Statisten die «Kluge Runde» ein wenig aufzufüllen… Die Mitglieder der Kommission, Monsignore Siebenstiehl als Kirchenvertreter, Oberamtmann Arnold als Gewerkschafter und Jugendamtleiter und der mit Rotenburger aufgetretene Ausschuß-Vorsitzende Zilliger werden an dem runden Tisch Platz nehmen, während die Klinikangehörigen, in ihrer Mitte Reinbek, sich

auf Stühle an der Wand im Hintergrund setzen. Rotenburger als Gastgeber setzt sich später mit an den Tisch.
Wie eine Kriegserklärung, die ihn amüsiert, schwenkt Rotenburger einen Eilbrief, den er aber in seiner Rocktasche verschwinden läßt, ohne ihn aus dem Kuvert genommen zu haben, nachdem er laut und scheinbar belustigt – Streitlust sieht ja ebenso aus – gerufen hat

ROTENBURGER: Ein Brief des Herrn Ministers
des Landes-Gesundheitsministeriums,
meine Damen und Herren ... den ich Ihnen aber nicht
auf nüchternen Magen und auch jetzt noch nicht
... bitte doch Platz zu nehmen, zumuten wollte!
ZILLIGER, *neugierig, so laut und gut gelaunt, daß er alle Umstehenden, die sich um ihn und Rotenburger gruppieren, zu Mithörern macht*:
Eine Zumutung? Ich dachte, ein so verdienter Klinikchef
bekomme aus dem Gesundheitsministerium höchstens noch
die Ankündigung des Großen Bundesverdienstkreuzes.
ROTENBURGER, *gar nicht amüsiert, lapidar*:
Doch nicht, wenn er nicht in einer Partei ist.
83 Prozent aller bundesdeutschen Orden
gehen an Parteimitglieder,
die offenbar allein um diesem Staat Verdienste erwerben ...
Setzen Sie sich so, wenn ich bitten darf,
daß die Zeugen oder sagen wir: Betroffenen,
wenn wir sie später zuziehen, zwischen Ihnen
Platz nehmen können, das ist besser,
als uns von ihnen zu isolieren ...
ZILLIGER: Als Landtagspräsident werde ich das
Große Bundesverdienstkreuz
für Sie beantragen, Herr Direktor!
ROTENBURGER, *freundlich*: Danke – aber was soll's!
Er entdeckt erst jetzt den Abgeordneten:

Sie! Herr Abgeordneter
...ich stelle fest, meine Damen und Herren,
daß sich – ohne eingeladen zu sein –
der Landtagsabgeordnete,
Herr Dr. Arnulf Schnittger,
Kinderpsychiater in Wummbach,
zu uns gesellt hat ... ohne zu fragen,
ob er willkommen ist.
Sie sind es nicht, Herr Parteivorsitzender:
darf ich Sie bitten, die Klinik unverzüglich zu verlassen!

SCHNITTGER, *fassungslos; noch nie im Leben ist dem allerdings erst Fünfundvierzigjährigen das passiert; er prescht nach vorn, doch erst nach 30 Sekunden, die er gebraucht hat, um zu begreifen*:
Sie wagen es, mich hinauszuwerfen?

ROTENBURGER, *ohne ihn anzusehen, so leise wie eisig*:
Ich wage, von meinem Hausrecht Gebrauch zu machen:
ich ersuche Sie, augenblicklich
das Sitzungszimmer zu verlassen.

SCHNITTGER, *laut, noch immer fassungslos*:
Ich bin zweiter Vorsitzender einer Partei,
die dieses Bundesland mitregiert und Kinderarzt –
darf ich erfahren, was diesen unerhörten Verstoß
gegen jede Kollegialität...

ROTENBURGER – *und was er an Monstrositäten zitiert, ist wortwörtlich einem schweizerischen Ärzteblatt von 1988 entnommen und stammt aus der Feder eines Kinderpsychiaters und Großratsmitglieds, dessen Partei sich Landesring nennt*:
Sehr kollegial Ihr Aufsatz in der Ärztezeitung,
der mit der Forderung beginnt,
«aus grundsätzlichen ethischen
Überlegungen müßten eigentlich jegliche Bemühungen
der Fortpflanzungsmedizin unterlassen werden».
Für wie kollegial würden Sie mich halten,

schriebe ich Artikel, Ihre Kinderpsychiatrie
sei als Humbug sofort einzustellen?
Der Unterschied ist nur: ich spräche als Einflußloser
– Sie, sehr kollegial, sprechen aber als Politiker,
der seine Genossen aufhetzt, per Gesetz zu verbieten,
daß wir weiterhin unglücklichen Frauen helfen.
Gehen Sie. Oder ich löse diese Versammlung auf:
ich bin als Arzt keineswegs bereit, mit einem
...einem sogenannten Arzt im gleichen Raum
zu bleiben, der drucken läßt
... hier habe ich... rot angestrichen
Ihre Monstrositäten... drucken läßt,
ein Kinderpsychiater läßt drucken; ich zitiere:
Er hat mit einem Griff in die Kollegtasche die aufgeschlagene Mediziner-Zeitung gefunden:
«...ist Kinderlosigkeit ein Segen für das Wohl der ganzen
Menschheit» – reden Sie so vor Ihren Wählern,
sofern Sie das für werbewirksam halten. Aber verlassen Sie,
und zwar sofort, ein Haus, das gebaut wurde,
Kindern ins Leben zu verhelfen... gehen Sie.

SCHNITTGER: Ich gehe, jawohl, aber Sie auch!
Auch Sie werden gehen...

ROTENBURGER: Ja, ja, in Pension, in drei Monaten,
sonst könnte ich doch
in unserer miserablen Demokratie
als Klinikchef nie so ehrlich zu einem Politiker sprechen,
dessen Partei mitentscheidet,
ob ich meinen Anstellungsvertrag,
und unter welchen Konditionen,
verlängert kriege... wie ich auch Ihrer Drohung eben
wieder entnehme. Ich tauche auch nicht uneingeladen
zu internen Gesprächen in Ihrem Parteibüro auf.
Sie sind, Herr Zweiter Vorsitzender, als Arzt verächtlich
– und als Parteimann hier ein Sicherheitsrisiko.

SCHNITTGER: Das verbitte ich mir, Herr Rotenburger!

ROTENBURGER: Ich sage das – ja, nun zeige ich den Brief
doch: weil mir Ihr Parteifreund,
der Herr Minister für Gesundheit…

SCHNITTGER, *während Rotenburger Brief und Brille hervorgezogen und das Blatt entfaltet hat*:
…ist er nicht, Sie wissen sehr wohl, welcher Partei
Ihr Dienstherr angehört…

ROTENBURGER, *als sei er abgelenkt durch Lesen*:
Ist er das nicht? Soso – nun das macht ja,
die Partei macht ja keinen Unterschied mehr
bei eurem ewigen großen Koalieren… es gibt ja,
Gott sei's geklagt, in diesem Bundesland
keine Opposition.
Meine Damen und Herren: darf ich Ihnen mitteilen,
der Herr Minister hat mir vorgestern mit diesem Brief
verboten, Sie heute in der Klinik zu empfangen
zu unserer seit Monaten anberaumten Diskussion.
Herr Minister ist der Auffassung und will die
durch Verbot unserer Verabredung durchsetzen,
aber ich gehorche ihm nicht und daher sind Sie hier.
Herr Minister meint, die Frauenklinik sei kein Parlament;
folglich mache er von seinem Hausrecht als oberster
Dienstherr Gebrauch und ersuche mich, Sie auszuladen,
um nicht, wie er schrieb – doch bitte:
lesen Sie das selbst…

Er hat verächtlich den Brief auf den Tisch geworfen; die ersten ihm nahe Sitzenden lesen ihn, alle sehr betroffen, nicht von diesem Brief, sondern von der Szene, die Rotenburger dem Schnittger macht. Der sagt jetzt heftig

SCHNITTGER: Und weil Ihnen ein Minister verbietet
– das verurteile auch ich, dieses Verbot –,
in Ihrer Klinik die Ethik-Kommission zu empfangen,
werfen Sie mich hinaus, um sich sagen zu können,
als Klinikchef gehorchten Sie nicht uns Politikern!

ROTENBURGER, *nickt, hat gelächelt, während Schnittger sprach*:
Psychologisch ganz stimmig, Herr Kinderpsychiater.
Doch werfe ich Sie deshalb hinaus, weil Sie Ihre Macht
im Parlament dazu mißbrauchen, Ärzte zu zwingen,
den Hippokratischen Eid ebenso zu brechen,
wie Sie selber bedenkenlos den Eid brechen,
indem Sie gesetzlich Kollegen daran hindern wollen,
Leben dort zu ermöglichen,
wo es ohne ärztliche Behandlung nicht entstehen kann.
– gehen Sie
oder Sie zwingen alle hier Versammelten zu gehen...

SCHNITTGER, *im Gehen, dann stehenbleibend*:
Herr Zilliger, als Mitglied des Landtags
ist mir unbegreiflich,
daß Sie als dessen Präsident wortlos zusehen können,
wie hier ich –

ZILLIGER, *feige von Natur*:
Bin leider nur im Landtag –
nicht in der Frauenklinik Hausherr
und kann in völliger Unkenntnis Ihres Zerwürfnisses...

ROTENBURGER, *in den Saal hineingehend, als sei er bereits fertig mit dem Hinausgeworfenen, sagt über seine Schulter nach rückwärts*:
Er wird jetzt verschwinden, dieser feine Kollege
wird endlich verschwinden oder
– oder ich gehe und wir tagen nicht...

SCHNITTGER, *dem Rotenburger ostentativ den Rücken zuwendet, prescht wieder in den Vordergrund und um ihn herum und keift*:
Ich gehe, jawohl: nicht um willfährig zu sein,
sondern um die Ethik-Kommission
nicht daran zu hindern,
hier mit Ihnen und mit Patienten zu diskutieren...

ROTENBURGER, *so wie er zuvor den Brief des Ministers auf den Tisch warf, jetzt die Zeitschrift*:
Lesen Sie doch selber,
was dieser sogenannte Arzt alles empfiehlt.
SCHNITTGER: Ich habe angesichts der
Bevölkerungs-Explosion gefordert, daß...
ROTENBURGER, *sarkastisches Lachen; der Streit steigert sich zu beiderseitigem Geschrei*:
Daß ausgerechnet jenes nullkommanullnullnull Prozent
der Weltbevölkerung, das bei uns Therapie sucht,
nicht behandelt werden darf: dieser Mann
ist weit davon entfernt zu verlangen, Geburtenkontrolle
allgemein einzuführen – nein!
Deshalb fordert er, sie über die zu verhängen,
denen die Natur sie auferlegt hat:
wahrhaft ein Demokrat!
Wenn einen die Natur schon zurückgesetzt hat,
soll das gefälligst per Gesetz
die Gesellschaft auch noch tun! Raus, Herr!
Wir wollen hier keinen Mediziner, der drucken läßt
auf Kosten von unglücklichen Patientinnen, Kinderlosigkeit
sei «ein Segen für das Wohl der ganzen Menschheit!».
SCHNITTGER: Ich habe nur geschrieben –
ROTENBURGER: «Nur»? – haben Sie das geschrieben
oder nicht?
SCHNITTGER: Ja, aber ich meinte, sich versteifen
auf ein «Recht auf ein Kind» würde ein
in seelischer Hinsicht unfruchtbares, naives Verharren
in einer «Supermarkt-Mentalität» bedeuten.
ROTENBURGER: Das ist kein Supermarkt,
– das ist eine Frauenklinik:
verhindern Sie, daß aus Supermärkten sterile Paare
sich Kinder holen... da haben Sie etwas zu tun,
Herr Psychiater!
SCHNITTGER: Ich erinnere daran,

daß an der Wand unseres Parlaments die Maxime prangt:
«Salus publica suprema lex», zu deutsch:
«Das Allgemeinwohl ist das höchste Gesetz ...»

ROTENBURGER, *ganz ruhig, souverän, lakonisch plötzlich*:
Nicht für Ärzte! Für Ärzte muß es heißen:
Salus aegroti suprema lex: das Wohl des Patienten
ist unser oberstes Gesetz – denn die Allgemeinheit,
die gibt es ja nur als dumme Redensart:
Der Mensch ist unser Maß – nicht die Menschheit.
Wer von der Menschheit faselt, tut nie für den Menschen etwas!
Zwar sagte Hitler in Übereinstimmung mit Ihnen:
Du bist nichts, dein Volk ist alles – wir aber sagen:
die Allgemeinheit ist uns Ärzten kein Gesetz,
sondern der immer Einzelne, der Mensch, zurückgeworfen
in die Lage des Hilfsbedürftigen, des Patienten ...
doch wenn Sie jetzt nicht – meine letzte Aufforderung
– verschwinden, sage ich die Sitzung ab. Wollen Sie –

SCHNITTGER, *im Abgehen*: Ich gehe.
Er bleibt stehen zwischen Tisch und Tür:
Ich werde vorsätzlich entstellt interpretiert.
Meine Maxime lautet «global denken – lokal handeln».
Ab.

ROTENBURGER: So – nun ist er draußen
und kann den Minister anrufen
... schließen Sie doch, danke – ja, alle Türen.
Ich habe den Ministerbrief da – Ehrenwort – keinem
meiner Mitarbeiter gezeigt, damit keiner von ihnen
haftbar gemacht werden kann, wenn er dem Herrn Minister
zuwider handelt. Denn sie sind auf das Wohlwollen
der Bürokraten und der Politiker angewiesen,
wenn sie ihren Job nicht verlieren wollen.

ZILLIGER, *man spürt, ja sieht, wie er sich einen Ruck gibt, so mutig zu sagen*:
Ich darf Ihnen, Herr Professor, meine Empörung
über die Weisung des Ministers aussprechen,

aber auch darüber, daß Sie
so verächtlich über unseren Staat sprechen.

ROTENBURGER, *ganz ruhig, ganz anders*:
Kann ich begründen ... leider hundertfach
... übrigens auch durch Ihr Verhalten, Herr Präsident!

ZILLIGER, *wie zugefroren*: Da bin ich neugierig.

ROTENBURGER, *indem er dorthin tritt, wo das Pult auf dem Tisch steht*:
Meine Damen und Herren von der
«Sozialethischen Expertenkommission»
– die Universitäts-Frauenklinik ist geehrt,
daß Sie zum Einstieg in unser Symposium
das bescheidene Kantinenessen hier im Hause
mit uns geteilt haben: nur Früchte statt Wein
– aus berechtigter Angst, im Dienst müde zu werden.
Sie haben als die vom Staat berufenen:
«Experten für Fortpflanzungsmedizin»
in nunmehr dreieinhalb Jahren und dreißig Sitzungen
diesen Gesetzesentwurf erstellt.
Wir Praktiker kriegen diesen Entwurf,
aus Gründen, die wir nicht kennen
– sehen Sie, Herr Landtagspräsident,
das ist Kritik am System –
das sagt er ammoniakscharf:
erst nach Abschluß Ihrer Beratungen.
Ihre Arbeit ist getan, wir wurden nicht aufgefordert
teilzunehmen, weder konsultiert noch informiert ...
und dürfen diesen Gesetzesentwurf einen ganzen Tag
früher lesen, als er in der Zeitung stehen wird.
Das Fernsehen ist nicht anwesend, wir können also
die Wahrheit sagen; auch Presse ist nicht da.
Immerhin nichts gegen die Presse, auch der Journalist,
der vor drei Wochen über die Arbeit dieser Kommission
schrieb, hat scharf verurteilt,

daß weder Ärztinnen noch Ärzte,
die auf diesem Gebiet arbeiten,
von Ihnen konsultiert wurden,
vor allem keine Patientinnen.
Diesem Journalisten, Dr. Hicklin, verdanken wir zweifellos,
daß Sie dann doch, Herr Präsident, wenigstens heute noch
mit Ihren Experten zu uns kamen
– freilich ist es leichter, Experte zu bleiben,
wenn man sich den Informationen verschließt...

Tatsächlich haben zum Beispiel die Benda-Kommission und jene Bonner, die Leihmütter sogar bestrafen wollen, niemals Betroffene angehört – so wenig wie jene Basler Großrats-Kommission, bevor sie nach dreieinhalb Jahren und 30 Sitzungen – bei neunzehn Mitgliedern – dem Großen Rat ihren 156seitigen Bericht zur Beratung vorgelegt hat. So sei hier dankbar hervorgehoben, daß der Schweizer Martin Hicklin in der «Basler Zeitung» wiederholt kritisierte, daß auch die Schweizer Politiker sich gegen jede Beratung mit Patientinnen und solchen Ärzten, die Kindern durch Befruchtung im Glas das Leben ermöglicht haben, sorgsam abschirmten.
Der Benda-Kommission gehörte immerhin die Kieler Gynäkologin Liselotte Mettler an; allerdings als einzige Frau neben achtzehn Männern! Und von diesen achtzehn waren nur zwei praktizierende Gynäkologen! Die weitaus meisten waren nicht einmal Mediziner...

Herr Präsident, ich darf Ihnen
auch den Experten Ihrer Kommission und sogar,
sofern Sie gestatten, auch den Damen und Herren –
er weist auf die Stühle links, auf denen zwei Ärzte sitzen, auch drei Ärztinnen. Wie er das Wort Experten ausspricht – wie Exkremente, ungefähr – das scheint geübt zu sein: eine Kriegserklärung...

– die unter meiner Gesamtverantwortung
die Fortpflanzungsmedizin praktizieren,
das Wort abtreten.
Ich schlage vor, jeder spricht
über was er will – aber keiner
über drei Minuten!

Rotenburger tritt weg von dem Platz in der Mitte des Tischs: eine einladende Geste, doch mehr verächtlich als wohlwollend, zu dem Kommissions-Präsidenten hin. Sie wechseln die Plätze; später spricht jeder von seinem Platz. «Präsident» ist ja ein unschützbarer Titel; Dr. Zilliger ist hauptberuflich «Politiker», sofern das schon ein Beruf – so lange noch kein Amt mit ihm verbunden ist. Doch mit seiner Politiker-Tätigkeit ist auch eine der meistbegehrten Pfründen im Land verbunden; Landtagspräsidenten verdienen ja insofern sehr viel mehr als mittlere Industrielle, als sie keinerlei Sorgen um ihr Alter zu haben brauchen – eine Pension lebt heute länger als viele Industriebetriebe. Auch diesen Politiker hat noch keine Minute die Überlegung irritiert, daß man so unanständig viel Geld, wie er «verdient» – eigentlich nur haben dürfte, wenn man es s e l b e r *erwirtschaftet, nicht aber nur von Steuerzahlern bekommt. Zilliger hat nur kurz als Psychiater gearbeitet, behält dennoch seine Praxis bei, weil in Wahlkämpfen die Berufsbezeichnung «Politiker» nicht zieht, während «Facharzt für Psychiatrie» ganz wählbar klingt. Zilliger, redegeschult, hat Sinn für Kleidung mit dem jeweils gefälligsten Haarschnitt. Er ist sportbraun, weil er sich die Zeit nimmt, auf Tennisplätzen seine Karriere zu fördern. Der Vierzigjährige ist unschlüssig, ob er auf die Vorwürfe des Klinikchefs empört oder amüsiert reagieren soll. So entscheidet er sich für ein zunehmendes Lächeln und Hinblicken zu seinen Kommissionsmitgliedern, als wolle er damit sagen: dem zahle ich's heim... Zuletzt aber macht er ein Gesicht wie ein Ultima-*

tum, steht entschlossen auf und tritt rasch ans Pult in der Tischmitte.

ZILLIGER: Herr Direktor, meine Damen und Herren
der Klinik, Kolleginnen und Kollegen der Kommission
– wir danken Ihnen, daß wir hier
über das Resultat der dreißig Sitzungen der Kommission
für Sozial-Ethik sprechen dürfen ... ja, Herr Professor,
ich kann nicht umhin, in Ihrem Vorwurf,
von uns nicht gehört worden zu sein ... auch Berechtigtes
anerkennen, aber doch nur partiell.
Je näher der Betrachter dem Objekt –
desto größer, unbestreitbar,
seine Kenntnis der Details, aber das Ganze?
Sieht er auch das?
Um zu prüfen, ob eine Brücke gebaut werden soll,
muß man kein Brückenbauer sein –
eher ein Bewohner des Tals, der Höhen,
die durch diese Brücke berührt werden.
Der Brückenbauer wird in aller Regel Gründe finden
für den Brückenbau.
Während eine finanziell und architektonisch unabhängige
Gutachtergruppe vielleicht zum Resultat kommt,
es sei nicht im Interesse der Öffentlichkeit,
diese Brücke zu bauen ...
Kant hat geurteilt: Schön ist, was ohne Interesse gefällt.
Ich wage zu sagen:
Notwendig ist, was auch die entbehren, die selber
es nicht schaffen können!
Die über unsere Landeshauptstadt
hinaus bekannten Resultate, die Ihre Klinik
in der Fortpflanzungsmedizin erbracht hat,
werden jedes Mitglied meiner Kommission
freisprechen von dem Verdacht, nicht zu wissen,
daß wir als Lernende zu Ihnen kommen.

Dies zu Ihrer Allergie, Herr Professor,
gegen das Reizwort «Experten»!

ROTENBURGER, *während Zilliger sich auf seinen Stuhl setzt, begibt sich wieder zum Pult*:
Experten meine ich sind meine Kolleginnen...
Er weist auf die Ärztinnen im Hintergrund, die da zwischen Reinbek und anderen Ärzten sitzen. Lachend fügt er an
Und mit Abstand: meine Herren Kollegen,
die tatsächlich den Retortenbabies
ermöglicht haben, zur Welt zu kommen;
und die Frauen nicht mehr helfen können,
wenn Ihr Vorschlag, Leihmütter zu verbieten,
Gesetz wird. Und Ihr Vorschlag,
Unverheirateten, sogar Verheirateten, zu verbieten,
sich mit Spendersamen inseminieren zu lassen.
Damit diese Fragen wenigstens diskutiert,
statt gleich ab morgen in der Presse
durch Ihren Gesetzesentwurf abgeklemmt werden...

ZILLIGER, *ruft hinein, verärgert*:
Abgeklemmt: keineswegs; der Entwurf
präjudiziert nichts, sondern...

ROTENBURGER, *lakonisch, doch sehr scharf*:
Präjudiziert durchaus, sogar massiv!
Schon Ihre Bezeichnung, meine Damen und Herren
Sozial-Ethiker: wie einschüchternd –
um so mehr, als doch niemand weiß, woher Sie
Ihre Legitimation ableiten... denn wer,
bei allem Respekt, ist ein Sozial-Ethiker?
Ethiker in eigener Sache kann ja sein, wer will
– aber sozial, das heißt, als Bevormunder,
Vorschriften-Erlasser für andere:
ja, wer, ich bitte Sie, darf da auftreten?
Ich habe diese Sicherheit,
die sich aus Ihrem Anspruch auf das Wort

Sozial-Ethiker ableitet, mein Lebtag nicht gehabt.
Und wir erleben doch: je mehr Zeitungen sterben,
desto einheitlicher sprechen jene wenigen,
die noch leben – und die in deprimierender Einstimmigkeit
ab morgen schreiben werden,
die Samenbank, die In-vitro-Kinder, die Leihmütter,
seien amoralisch!
Das sind dann Vorurteile, die Endurteile werden.
Neigen doch alle Politiker dazu,
für richtig und bald auch für rechtens zu halten,
was mehrheitsfähig ist.
Aber Demokratie bewährt sich nicht
durch Mehrheitsbeschlüsse; sondern bewährt sich
in dem Maß des Mitspracherechts,
das sie Minderheiten gewährt... Minderheiten
sind Übervorteilte, da sie nicht einmal
eine parlamentarische Vertretung «lohnen»...
Wer Ärzte bemühen muß, um zu bekommen,
was normalerweise mühelos die Natur schenkt,
hat oft selbst das Gefühl, minderwertig zu sein...

ZILLIGER, *unterbricht mit dümmlicher Ironie, für die er – sie anblickend – bei seinen Kommissions-Mitgliedern um Verständnis wirbt*:
Respekt, Herr Direktor, daß Sie uns ein Privatissimum
über demokratische Gepflogenheiten halten.
Sind wir in Ihren Augen keine Demokraten?

ROTENBURGER, *gelassen*: So ist es:
weil Sie mit keiner Silbe sagen,
daß es Sie und Ihre Kommissions-Mitglieder
auch nur ein wenig verunsichert,
mit Ihrem Gesetzesentwurf doch ein Novum
in der Geschichte der Medizin zu schaffen:
zum erstenmal wollen Sie – mit welchem Recht? –
den Staat ermächtigen,
das Grundgesetz der Behandlungsfreiheit zu liquidieren!

(Einmischung des Staates bei Abtreibung:
war etwas anderes, Abtreibung ist nicht Therapie!)
Neu ist jetzt: Ihr Gesetz soll vorschreiben,
tätsächlich erstmals in der Geschichte,
welche Therapien Arzt und Patient praktizieren dürfen.
Heute «nur» bei der Fortpflanzungsmedizin,
aber morgen – wehret den Anfängen –
zweifellos schon bei der Frage,
ob für Kranke diese oder jene Therapie noch «lohnt» ...
so führen Sie, gestützt auf sogenannte Kosten-Nutzen-Analyse,
Orwells Horrorstaat herbei!

ZILLIGER: Können Sie diesen wahrhaft ungeheuerlichen
Vorwurf mit einem Beispiel belegen?

ROTENBURGER, *einfach*: Ja, mit Ihrer
Bedenkenlosigkeit durch Mehrheitsbeschluß
legitime Bedürfnisse einer Minderheit abzuwürgen!
Ohnmächtiger kann eine Minderheit ja nicht sein
als diese sehr, sehr wenigen Menschen sind,
denen ärztliche Hilfe die Schwangerschaft
ermöglichen soll.
Außenstehende oder gar die Öffentlichkeit
werden ja nicht tangiert oder gar geschädigt,
wenn zwei oder drei Individuen
sich zusammentun, um zu einem Kind zu kommen...
Sie aber wollen das nicht nur verhindern,
sondern – schlimmer – auch noch demokratisch bemänteln,
wie undemokratisch Ihr Handeln ist,
und Sie berufen sich dabei
noch auf den Demokraten-Popanz «Mehrheit»!

ZILLIGER, *hohndumm*:
Die Mehrheit ein Popanz: hört, hört!

ROTENBURGER, *freundlich, einfach*: Seien Sie doch ehrlich:
Politiker ist, wer aus dem Instinkt handelt, gewählt
– ja wieder gewählt zu werden.
So scheuen Sie sich

– und können das sogar demokratisch nennen –
zu Sachen, Personen, Problemen zu stehen,
die von den Medien bekämpft werden.
Und Zeitungen bekämpfen natürlich auch nur das,
was zu loben ihnen Abonnenten kosten würde:
Presse ist aber nicht die Öffentlichkeit
– sondern hat nur die unkontrollierte Macht,
ihre Meinung zu veröffentlichen,
was ja die Öffentlichkeit nicht kann:
so daß es – paradox, aber wahr –
diese Öffentlichkeit so lange gar nicht gibt,
so lange nicht in der Zeitung steht,
was sie denkt und fühlt.
Eine schweigende Mehrheit ist zwar da,
aber zeigen Sie mir, wo die anzutreffen wäre,
so lange sie verurteilt ist zum Schweigen.
ARNOLD, *ein Zwischenruf*: Sie vergessen die Demoskopie!
ROTENBURGER: Die Minderheit, von der wir reden,
ist so klein, daß Umfragen sie gar nicht erfassen.
Eine in die Beschämung gejagte stille Minderheit,
die jetzt schon deshalb schweigen muß,
weil sie Kinder auf eine Weise will
– wollen muß, anders kriegt sie keine –,
die es gar nicht geben dürfte, wenn Gesetz wird,
was Sie, meine Damen und Herren, vorschlagen.
Also tun Patientinnen, die ein Kind wollen müssen auf Wegen,
die Sie «Ethiker» für illegal erklären, gut daran,
in den Untergrund zu gehen. Damit nicht eines Tages
ihren Kindern aufgestempelt wird, sie seien
Geschöpfe minderen Rechts, da gesetzwidrig entstanden.
Wir haben ja in unserem Vaterlande Übung,
Gesetzen rückwirkende Kraft zu verleihen: wer 1890
in Deutschland als Jude geboren wurde,
hatte zwar die Pflicht,
für Kaisers Deutschland an die Front zu gehen, 1914.

Und 12000 Juden sind auch gefallen für Deutschland,
aber ab 1937 erklärten Gesetze alle Juden,
auch die Kinder, Witwen, Eltern dieser gefallenen,
für vogelfrei und ab 1942 wurden sie ermordet...
Doch genau in diesem Lande – das glaubt man kaum! –
wird nun diskutiert, ob man w i e d e r
rückwirkend ein Gesetz machen dürfe,
diesmal eines, das Samenspender haftbar macht,
zahlungspflichtig, obgleich ihnen Anonymität
garantiert war,
als sie den Samen spendeten... Mißtrauen in den Staat
ist also ein Gebot der Vernunft.
Vergessen Sie doch nicht:
vor wenigen Jahren noch wäre jeder
in hohem Bogen hinausgeflogen, Ärztin, Arzt, Patientin,
der in meiner Klinik über «Verhinderungen»
von Wunschschwangerschaften
gewagt hätte zu diskutieren...
Und ich bitte Sie, nicht zu übergehen,
daß Ärztinnen und Ärzte ja s e h e n, erleben,
wie f u r c h t b a r Frauen leiden,
wenn sie Kinder wollen und das mißlingt.
Für mich war denn auch immer in der Bibel
die ergreifendste Zeile, wenn Rahel den Jaacob anfleht:
ich sterbe, wenn du mich nicht zur Mutter machst...
D a s skandalöse Ärgernis an Ihrem Gesetzesentwurf
ist denn auch,
daß die Stimme der Frau, die ein Kind will,
darin überhaupt nicht widerhallt, kein Seufzer,
keine Frage, keine Klage einer solchen Frau...
In unserer Klinik werden Abtreibungen
noch immer schweren Herzens vorgenommen.
Aber sie liegt in einem Bundesland, in dem
– die Dunkelziffer nicht mitgezählt –
jährlich 15000 Kinder abgetrieben werden.

SIEBENSTIEHL, *Zwischenruf*:
Fünfzehntausendfacher Mord an Gottes Ebenbild!
ROTENBURGER:
Messen Sie daran die paar Dutzend in diesem Land
mit ärztlicher Hilfe erzeugten Kinder – und haben Sie,
meine Damen und Herren, Courage und Selbstironie,
diesen 15 000 Unerwünschten, Weggemachten
diese zwanzig künstlich ins Leben geholten
gegenüberzustellen und demnach Verhältnisblödsinn
zu nennen, was Sie da in dreißig Ethiker-Sitzungen
ausgeheckt haben: ja, Verhältnisblödsinn...
ZILLIGER, *wieder immerhin verunsichert; er hat wie schon zuvor um Zustimmung werbend, ebenso verärgert wie – scheinbar – amüsiert, während Rotenburger sprach, mit Blicken die seiner Kommissions-Mitglieder gesucht; jetzt steht er auf*:
«Verhältnisblödsinn»? Ein hartes Wort, Herr Professor.
Auf Einzelheiten kommen wir, sobald Sie uns mit Ihren
Patientinnen, die immer Einzelne sind,
das heißt: allein sich im Blick haben
– sobald Sie uns mit denen konfrontieren.
Aber das Allgemeine
soll doch auch erörtert werden – gerade deshalb, weil Sie
den Mann hinausgeworfen haben,
der von Allgemeinwohl sprach.
Ich zitiere aus Schnittgers Artikel:
«Von globaler ökologischer Warte betrachtet ist es
unsinnig, Energie einzusetzen, um noch mehr Menschen
auf dem begrenzten ‹Raumschiff› Erde zusammen-
zupferchen...»
Ich begrenze mich auf Zitate in Stichworten:
«fünf Milliarden Menschen, in zwanzig Jahren ihre
Verdoppelung... seit 1942 wurde ein Drittel des heute noch
vorhandenen Kulturlandes bebaut – fällt also aus
für die Landwirtschaft...»

REINBEK, *ist bei diesem Wort aufgesprungen, hat sogar die Hand gehoben, kann sich nicht mehr beherrschen*:
«Landwirtschaft» – sollen wir in der Frauenklinik,
Herr Präsident, jetzt auch noch die Agrar-Krise lösen?
Entschuldigen Sie, aber ich möchte unseren verehrten Chef
für zwei Minuten ums Wort bitten...

ROTENBURGER: Sprechen Sie, Reinbek, freut mich,
hier nicht allein – bitte.

REINBEK: Danke. Professor Rotenburger
hat den Kinderpsychiater Schnittger
zwar hinausgeworfen, zu unserer Genugtuung,
aber seine unmöglichen Thesen werden noch immer
hier vorgetragen – durch Sie, jetzt, Herr Präsident!
Mein Name ist Reinbek,
ich habe in dieser Klinik
der gefürchteten Bevölkerungs-Explosion
Vorschub geleistet...
Er ist nicht wie sein Chef und die anderen Medizinerinnen und Mediziner in Weiß, sondern trägt einen dünnen graugrünen Hochkragenpullover unter einer Tweedjacke. Während er spricht, tritt er aus dem Hintergrund an den Tisch.
Ich habe einigen Ehepaaren durch die IVF
zum lange ersehnten Nachwuchs verholfen.
Es ist doch nur komisch
die beiden Weltprobleme Bevölkerungs-Explosion
und Verlust von Ackerland
ausgerechnet auf dem Rücken der sehr wenigen,
die nur mit ärztlicher Hilfe
eine Schwangerschaft erreichen können,
austragen zu wollen.
In Klammern: warum, wenn Ackerland fehlt,
legt man dann Zehntausende von Bauernhöfen in allen
EG-Ländern still? Und ebenso komisch ist es,
die Verdoppelung der Menschheit in nur zwanzig Jahren

dadurch bekämpfen zu wollen,
daß man wenigen Dutzend Ehepaaren ein Kind verwehrt.
Lassen Sie mich persönlich werden, das Persönliche
ist ja immer das Objektivste, denn was du nicht willst,
daß man dir tu, das füge anderen auch nicht zu...
Sie sind, Herr Präsident, verheiratet wie ich,
Vater wie ich: finden Sie's da nicht problematisch,
daß Leute wie wir beide,
die sich berechtigt fühlen, so viele Kinder zu haben,
wie unsere Frauen wollen:
wenn ausgerechnet wir Väter jenen Paaren,
denen die Natur Kinder verwehrt,
das Recht auf Kinder absprechen?
Woher nehmen wir das Recht, Kinder zu machen,
ja uns vom Staat dafür bezahlen zu lassen,
wenn wir mehr als drei machen – aber jenen Paaren,
die krank, doch heilbar sind
– Kinderlosigkeit ist eine Krankheit für jene,
die Kinder wollen –, ärztliche Hilfe zu verweigern?
Wenn Sie Demokrat sind...

ZILLIGER, *bedrohlich*: Diese Frage, Herr Reinbek,
ist eine Unverschämtheit!

REINBEK: Entschuldigung: Sie sind Demokrat.
Aber dann erklären Sie,
warum Sie kranken Paaren, die heilbar sind,
das Recht auf Heilung absprechen?
Ein steriles Ehepaar soll gefälligst steril bleiben,
während jeder Gesunde vom Staat noch Geld erhält,
wenn er besonders viele Kinder macht!

ROTENBURGER, *während Reinbek sich im Hintergrund wieder setzt*:
Emigrieren Sie, Reinbek, denn mit dieser Philippika
haben Sie sich um jede Chance gebracht,
mein Nachfolger zu werden.

ZILLIGER: Das ist eine Unterstellung, Herr Professor!

ROTENBURGER: Finden Sie? Sollte mich freuen!
Werden ja sehen, ob Sie, Herr Präsident,
Ihren sehr großen Einfluß geltend machen,
Reinbek meinen Job zu geben: fachlich ist er erster Klasse,
die Patientinnen lieben ihn, aber leider
hat er eben den Mund aufgemacht... armer Reinbek!
ZILLIGER: Ich bin immer wieder betroffen, wie verächtlich
Sie von der Demokratie als Staatsform denken.
ROTENBURGER, *spitz*: So? Ich halte es im Gegenteil
für eine Bürgerpflicht,
eine Staatsform in Zweifel zu ziehen,
in der die Hälfte meiner Mitbürger
zwanzig Jahre lang den gegenwärtigen Kanzler wählt.
Kollege Reinbek hat präzise das Problem Allgemeinwohl
und Einzelner auf den Punkt gebracht: die Gesellschaft
wird geschädigt durch Entrechtung einer Minderheit.
Und deshalb kann
nie das Allgemeinwohl dem Arzt höchstes Gesetz sein,
sondern allein das Wohl seines Patienten.
Die Einzelne vertraut sich uns an, nicht die Allgemeinheit!
Die Allgemeinheit kann uns Ärzten nur vorrechnen,
und tut das bereits, diese oder jene Patientin
rentiere die Behandlung nicht mehr... tatsächlich ist
immer wieder zu lesen, In-vitro-Fertilisation lohne nicht,
da nur fünfzehn bis zwanzig Prozent der Behandelten
bis heute zu einem Kind kämen...
und ich selber habe mich einmal dabei ertappt
– und schäme mich jetzt, das eingestehen zu müssen –,
daß ich nicht mit einer Ohrfeige dem antwortete,
diesem Beamten, sondern daß ich beflissen argumentierte:
In-vitro-Fertilisation koste fast gar nichts,
gemessen an komplizierten Eingriffen...
Nein: die Allgemeinheit macht sich kein Gewissen daraus,
zwanzig Millionen Mark für
einen Autobahnkilometer auszugeben

oder für einen Panzer, sie aber zu verweigern
einer Klinik für krebskranke Kinder!
Wie der Mediziner Jaspers einst formulierte: Freiheit
ist nur in dem Maß, in dem jeder Einzelne frei ist
– so sagen wir in der Frauenklinik: das Wohl der Patientin
bestimme das Verhalten des Arztes in der Gesellschaft
– denn für jeden Einzelnen kommt der Augenblick,
und niemand von uns weiß, wie bald, wo er ausscheidet
aus der Gesellschaft und nur noch der Einzelne ist
in seinem Klinikbett – und da wünscht jeder, jeder,
auch der Politiker, nicht nach den Bedürfnissen
der Gesellschaft behandelt zu werden,
sondern nach denen seines Körpers.
Meine Damen und Herren Ethiker, wenn Sie da androhen
in Ihrem Gesetzesentwurf, auch noch die Anonymität
der Samenspender aufzuheben, so daß natürlich
kein Vernünftiger mehr Samen spenden wird,
dann werden sich Frauen Partner suchen,
denen glückt, was ihrem Ehemann mißlingt:
sie zur Mutter zu machen.
Denn die Natur hat sich nie verspotten lassen
durch Gesetze... Herr Präsident, klingt ja gut,
wenn Sie sagen, Brückenarchitekten müßten nicht
mitentscheiden, ob eine gebaut werden solle;
aber die Tal-, die Bergbewohner,
die sollten doch mitreden! Dabei wissen Sie:
Bewohner, Betroffene, die entscheiden bei uns
– nichts. Nichts! Sondern in praxi entscheidet
die Bau-Lobby, das heißt: die Höhe
der Schmiergelder für Beamte und Politiker.

ARNOLD *wie auch* ZILLIGER, *doch Rotenburger spricht weiter, als machten die nicht ihre Zwischenrufe:*
Hört, hört! Beleidigend. Unerhört. Wie können Sie...

ROTENBURGER:
Womit ich wieder bei der Kritik am System bin:

daß nämlich Mitgliedschaft in einer Partei
allein Mitspracherecht verleiht,
was Sie, Parteimitglieder, dann sogar mit Kompetenz gleichsetzen.
Und daß wir ein Rechtsstaat um so weniger sind,
je fester wir uns einbilden einer zu sein.
Denn mit der Freiheit ist es genauso
wie mit der Intelligenz:
je sicherer einer ist, sie zu besitzen,
desto weniger hat er davon. Dazu ein Beispiel:
Niemand von Ihnen im Landtag hat aufgeschrien
– nichts weniger als ein Aufschrei wäre aber nötig gewesen –,
als die Staatssekretärin in unserem Landes-Gesundheitsministerium
– typischerweise eine Juristin, keine Medizinerin –
öffentlich gefordert hat, über uns Ärzte Zensur zu verhängen!
Wörtlich: «Publikationsverbot!»

Damit keiner der Leser hier dem Verdacht erliegt, ich erzählte Gespenstergeschichten, sei angemerkt, daß diese Frau, juristische Beraterin eines sozialdemokratischen Gesundheitsministers, 1986 Publikationsverbot für Mediziner gefordert hat – und das sogar «als rechtliche Konsequenz»; da sie quasi die Staatssekretärinnenposition innehat, so ist durchaus bedrohlich, was sie fordert:
«Die weitgehend unkontrollierbare Eigendynamik hochkomplexer biotechnologischer Forschung übersteigt menschliche Dimensionen und verunmöglicht die Übernahme persönlicher Verantwortung. Die Risiken aber, die in der Abgabe der Verantwortung an wissenschaftliche Expertengruppen liegen, sind zu hoch. Als rechtliche Konsequenz bleibt deshalb nur das Verbot extrakorporaler Befruchtung, verbunden mit flankierenden Maßnahmen wie beispielsweise einem Publikationsverbot entsprechender Forschungsergebnisse.»

Was ist diese Forderung einer Radikalfeministin
nach Zensur – gemessen an der Ungeheuerlichkeit,
daß diesem Attentat auf eines unserer Grundrechte
niemand im Parlament entgegengetreten ist?
Die Parteien-Oligarchie, die uns beherrscht
und deren erstaunlichste Leistung es ist,
sich uns, ihrem Stimmvieh, als Demokratie zu verkaufen,
war schon der letzte Ärger meines Lehrers Karl Jaspers,
der mit 84 Jahren seinen Epilog schrieb:
«Wohin treibt die Bundesrepublik».
Ich beneide Kollege Reinbek nicht, bitte,
daß er jetzt wieder zu Ihnen sprechen muß,
aber zuhören müssen Sie, meine Damen und Herren,
doch endlich einmal diesem Praktiker
für Reproduktionsmedizin,
da Sie ja bis zur Fertigstellung Ihres Gesetzesvorschlags
jeder Gelegenheit dazu mit Fleiß ausgewichen sind.

Er geht nach hinten und setzt sich auf einen der Stühle an der Wand – ein wahrhaft trostloser Rückzug eines um das Gemeinwohl vier Jahrzehnte lang hochverdienten Arztes aus der Polis in die Pensionierung. Resignation prägt sein Gesicht, seinen Gang; es war ihm bitter und ohne jede Genugtuung, eine solche Abschiedsrede halten zu müssen.

REINBEK *ist im Hintergrund wieder aufgestanden und tritt zögernd ans Pult, drei, vier Blätter in der Hand. Reinbek wendet sich rückwärts seinen Kolleginnen und Kollegen zu, die bisher noch nicht am Tisch sitzen, und sagt*:
Bitte, am Tisch ist Platz – kommt doch;
ich bin nicht allein Sprecher der Klinik.
Dann der Kommission zugewandt; seine Kolleginnen und Kollegen nehmen am Tisch Platz:
Sie werden nicht erwarten, daß wir über Ihren
Entwurf schon Profundes vorzubringen haben,

da wir ihn erst gestern abend erhielten.
Aber dies möchte ich schon jetzt sagen, bevor wir,
meine Damen und Herren Ethiker,
unsere Zeugen hereinrufen:
Ihre lange Liste von Verboten, wenn die Gesetz wird,
dann nötigt sie jedem Arzt,
bevor er die Behandlung beginnt,
ein Verhör der Patientin auf, das ihn
zum Richter dieser Frau macht.
Patientinnen kamen ja bisher in die Sprechstunden
mit anderen Empfindungen als jenen,
mit denen sie vor Gericht gehen
oder auf eine Behörde.
Wieso sollen eigentlich Ärztin oder Arzt
– ein Beispiel – die Patientin fragen dürfen, oder,
wie Sie das von uns verlangen: fragen müssen,
ob der Mann, den sie mitbringt, ihr Ehemann ist?
Vielleicht ist er ein Freund, von dem
Mutter zu werden sie bisher vergebens wünschte.
Darf jetzt wirklich der Arzt dieser Patientin
ihren Kinderwunsch abschlagen, nachdem er sie verhört
und aus ihr herausgefragt hat, daß ihre häuslichen
Beziehungen, ihr Zivilstand im Sinne
von Kirche und Justiz und Kapital nicht ideal sind?
Bei welchem Ehepaar sind sie das?
Sie, meine Damen, meine Herren, nennen sich
Sozial-Ethiker. Ich kann nur sagen: mutig!
Wir Ärzte meinen nicht,
daß eine Klinik zur Unterabteilung des BKA,
des Bundeskriminalamtes, werden darf.
Und weiter fragen wir die Damen und Herren Sozial-Ethiker:
wer hat Sie oder überhaupt das Parlament ermächtigt,
diese Verbote, diese Vorschriften zu formulieren?
Der Wahlzettel?
Doch wohl nicht. Sie selber haben sich ermächtigt!

War doch bisher in keiner Wahlrede,
in keinem Parteiprogramm
von Embryo-Transfer die Rede: nun sind Sie gewählt, ja.
Aber gewählt doch nicht auch dazu,
Verbote über Minderheiten zu verhängen,
wenn diese sehr, sehr wenigen Mitbürgerinnen nur begehren,
was erstens die Verfassung ihnen garantiert:
das Selbstbestimmungsrecht über ihren Körper.
Und was zweitens ihnen zu erfüllen möglich ist und Dritte
in keiner Weise – in keiner Weise – schädigt.
Woher nehmen Sie das Recht, ja – sprechen wir deutsch:
Ihre inhumane Anmaßung, anderen gesetzlich zu verwehren,
was Ihnen selber die Natur schenkt: Kinder?
Das Verbot des Herrn Gesundheitsministers, hier
in diesem ihm unterstellten Hause mit Ihnen
auch nur Gedanken auszutauschen –
Gedanken, dachte ich verfassungs-naiv, seien frei hierzulande –,
dieses überraschende Verbot
zwingt uns natürlich, meine Damen und Herren Ethiker,
daran zu erinnern, daß auch Sie
der Schweigepflicht unterliegen,
wenn wir Ihnen jetzt Gelegenheit geben,
Patientinnen zu befragen. Danke!
Ein sehr junger Arzt steht auf, die Patientinnen hereinzuholen, Lisbeth Uhlig, Monika Beranek, die noch Witwenschwarz trägt, Sonja Petrović und Esther Schneider – in dieser Folge – treten ein, der junge Arzt schließt hinter ihnen die Tür.

ROTENBURGER *ist aufgestanden, ihnen entgegengegangen und sagt sehr anders, als er zum Präsidenten sprach, nämlich werbend und herzlich, ja großväterlich; er gibt jeder Frau die Hand:*
Wir begrüßen Sie alle – und haben uns hier verpflichtet,
keine der Fragen zu stellen, die Ihr Paß beantwortet.
Wir wissen nicht, wie Sie heißen, wo Sie wohnen,
was Sie arbeiten.

Wir fragen auch nicht, in welcher Stadt
oder Klinik Sie bisher behandelt wurden.

Reinbek, *der sich ihnen auch grüßend zuwandte*:
Setzen Sie sich zu uns:
am gleichen Tisch spricht sich's am besten.
Daß in keinem Falle
finanzielle Gründe bei den Beteiligten mitsprachen,
als die Frage entschieden wurde,
ob eine künstliche Schwangerschaft
herbeigeführt werden sollte, versteht sich.

Siebenstiehl:
Auch nicht bei der – bei beiden Leihmüttern?
Uns war – wie? zugesagt worden, auch Leihmütter
würden uns vorgeführt werden.

Diese Frage hat Monsignore, ein Herr von sechzig mit Priesterkragen, wie eine Fanfare unter den Versammelten «geblasen». Er schaut auf die drei schon deutlich Schwangeren, als habe er sie ertappt, wer weiß wobei. Wenn er «Geld» sagt, entblödet er sich nicht, Daumen am Zeigefinger reibend, die Geldzähler-Bewegung zu machen.

Reinbek, *amüsiert*: «Vorgeführt»? Monsignore, bitte keine Vokabeln aus der Sprache von Viehmärkten...

Siebenstiehl, *eifrig – und so, als habe Reinbek gar nicht geredet*:
Zwei – wie? von Ihnen, hörte ich doch – wie!
fungieren als Leihmütter: wirklich nicht für Geld?

Er hat den Tick, auch wenn er es nicht aus Unsicherheit tut, wie das meistens getan wird, denn er ist noch dreister als borniert: «Wie?» an seine Sätze anzuhängen.

Esther Schneider, im Begriff, Platz zu nehmen, als Monsignore «losgelegt» hat, blickt sich amüsiert nach Reinbek um, sagt aber noch nichts.

SONJA, *fühlt sich durchaus angeredet, ist aber wegen der Aggression, mit der das geschieht und weil noch niemand sonst hier dem Verhör unterworfen wurde – denn Monsignore hat einen Verhörston angeschlagen –, eingeschüchtert. Und doch ist sie vorbereitet gerade auf diese Frage, die schon ein Vorwurf ist, weil auch zwischen ihr und dem Bauern und ihrem Mann diese Frage wiederholt erörtert wurde; sie sagt, nachdem sie lächelnd links und rechts geschaut hat*:
Leihmutter bin ich.
Wie Sie anreden, weiß nicht,
aber zu Hause in Herzegowina sagen wir
Hochwürdiger Vater zu Pope.
Leihmutter tut das gerade wie Sie, Vater:
nicht wegen das Geld, aber doch auch nicht ohne!
Ein Liebesdienst wie Sie taufen oder begraben
ist... ist natürlich mehr wert als ein Kellner tut
oder Chauffeur von Taxi.
Und wird auch besser bezahlt... aber doch das Kind
wurde nicht geboren, damit Sie ihm taufen;
ein Mensch wurde nicht gestorben,
damit Sie ihm begraben.
Aber weil er ist getauft, begraben:
Sie haben daran verdient Ihre Geld.
So bei Frau... bei Freundin, von der das Kind
jetzt ist in mich: ich verdiene daran viele Geld,
sehr viele... aber nicht, damit ich verdiene Geld
trage ich Kind von Frau aus
– sondern damit endlich sie wird haben ein Kind, ja.

ZILLIGER, *der «Präsident», sarkastisch*:
Gratuliere, Monsignore, schmeichelhafter Vergleich!

ROTENBURGER, *sehr aggressiv; er hatte sich wieder auf den Stuhl an der Wand ganz zurückgezogen, nun kommt er rasch nach vorn*:
Ich verbitte mir das Lachen, Herr Präsident!
Jeder Mensch wirkt durch das, was er kann...

ein Kind auf die Welt bringen,
ist gewiß keine geringere Leistung, als eines
zu taufen oder zu begraben.
Oder als einem Landtag zu präsidieren.

ZILLIGER, *kleinlaut*: Eine Beleidigung lag mir ganz fern.

Aggressiv wie ein Gänserich seinen Hof verteidigt, provoziert durch den Monsignore, sagt

ROTENBURGER: Beide Ammenmütter sind bereits Mütter,
wissen also, was sie auf sich nehmen.

Er hat sich zum Schutz der Ausländerin, die sogar durch ihre Sprache gehandikapt ist, demonstrativ neben sie gesetzt. Als man lachte ist sehr zornig Lisbeth aufgestanden, stehengeblieben, jetzt hat sie sich gesetzt, sagt aber heftig, in ihrer Erregung spielt sie mit der sonst nie – außer beim Lesen im Bett – benützten Brille,

LISBETH, *zu Reinbek gewendet, als sähe sie ihn zum erstenmal im Leben*:
Gestatten Sie? Ich habe diese Frau keineswegs gebeten,
mein Kind auszutragen, sondern bin sehr dankbar
auf ihr Angebot eingegangen.

SIEBENSTIEHL: Wieviel geben Sie ihr dafür?

LISBETH: Herr Pfarrer, kein Mensch, vermute ich,
nimmt sich hier heraus,
irgendwen nach der Höhe seines Gehalts zu fragen!
Die Ärzte hier, mehr aber noch die Politiker
würden zweifellos höchst ungern nach ihrem
Einkommen gefragt, offiziellem samt inoffiziellem,
das weiß Gott das der Leihmutter erheblich übersteigt.
Frage ich denn Sie, wieviel Sie kassieren
für eine letzte Ölung?

SIEBENSTIEHL, *«lächelnd» wie eine Zitrone*:
Das wollen Sie vergleichen?

LISBETH: Muß man das nicht? Ich bestätige,
daß zwischen der Leihmutter
und mir über Geld nicht gesprochen wurde.

Verächtlich:
Solche Nebensächlichkeiten überließen wir unseren Männern.
Jetzt lacht sie – ansteckend: mehrere lachen.

SIEBENSTIEHL, *steht wieder auf, was aber fast keinen Unterschied macht; er hat auf Monika Beranek gestarrt, die er offenbar mit der zweiten Leihmutter verwechselt, mit Esther. Er sagt, jede Frage bereits eine Anklage*:
Muß ich das Schweigen der zweiten Leihmutter am Tisch – so auslegen... ihr Schweigen zu meiner finanziellen Frage: daß bei ihr das Finanzielle maßgebend war?

MONIKA, *stammt aus Graz und spricht ausgeprägt steiermärkisch, also das A meist wie O. Ihre Intelligenz beherrscht so sehr ihre Gesichtszüge, daß der falsche Eindruck aufkommt, sie sei so klug auf Kosten ihrer Gefühle – doch sobald sie den Mund aufmacht, spürt man, daß im Gegenteil ihr erheblicher Verstand alle Mühe hat, die sofort heftig davongaloppierenden Gefühle zu zügeln. Sie sagt*:
Ihre Frage zielt auf mich, aber ich bin keine Leihmutter, ich –

ESTHER: Hier! – ich trage ein Kind für meine Tochter aus.
Lächeln, dann gelassen:
Auch für mich übrigens trage ich das Enkelkind aus.

SIEBENSTIEHL: Ziehe meine Frage zurück an die zweite Frau Leihmutter-Zeugin: weil bei ihr Finanzielles ausscheidet...

ROTENBURGER, *sarkastisch*: Ich gebe zu Protokoll,
daß der Vertreter der Theologie
offensichtlich keine anderen als finanzielle Probleme sieht
– während wir ja dachten, er habe religiöse!

SIEBENSTIEHL, *zitternd vor Ärger über den Arzt*:
Was erlauben Sie sich? Und wollen das sogar protokollieren...

ROTENBURGER: Sie haben doch expressis verbis
Ihre Frage zurückgezogen, weil Sie bei dieser Leihmutter
keine finanziellen Absichten wittern!

SIEBENSTIEHL: Darf ich die Frau Zeugin fragen, ob sie
a) einer der Kirchen angehört, und wenn ja, warum sie

b) sich darüber hinwegsetzt, daß beide Kirchen
Leihmutterschaft untersagen, wie?

ESTHER, *kühl*: Die Kirche ist für mich eine theologische,
keine medizinische Instanz.

ZILLIGER: Warum haben Sie das getan, wenn Sie wissen,
das ist oder ist bald: ungesetzlich?
Und schon jetzt verboten
durch die Ärztekammern. Warum tun Sie das dennoch?

ESTHER: Weil nach Auffassung der vier Beteiligten –
meine Tochter und ihr Mann,
mein Mann und ich: Familien den Mut haben müssen,
dem Gesetzgeber die Tür vor der Nase zuzuschlagen,
wenn der ein harmonisches Familienleben zerstören will.

ZILLIGER: Sie bringen aber doch Ihren Arzt
in Konflikt mit dem Gesetz.
Vielleicht verliert er seine Approbation!

ESTHER: Ich mutete deshalb keinem Arzt in Deutschland zu,
mich zur Leihmutter zu machen, sondern fuhr nach England,
wo der Staat noch das Selbstbestimmungsrecht
des Einzelnen achtet,
um mir das von meinem Schwiegersohn befruchtete Ei
meiner Tochter implantieren zu lassen.
Ich wäre lieber hier – nicht nur einfachheitshalber,
sondern weil er zuerst dies praktiziert hat
in Europa, zu Professor Reinbek gegangen,
gehe aber nur zu Kontrollen in seine Klinik.

ROTENBURGER: Woran Sie sehen, Monsignore, meine Herren:
daß doch finanzielle Gesichtspunkte mitsprechen,
wenn auch nicht in dem Sinne, wie Sie argwöhnen:
aber natürlich kann diese Frau Zeugin
in England das nur machen lassen, weil sie das auch
bezahlen kann: so daß arme Deutsche
deshalb nicht auf diese Weise zu einem Kind
oder Enkelkind kommen, weil deutsche Behörden
ohne jedes Recht das verbieten ... so wie ja Bonn

auch kürzlich bekanntgab, der Gesundheitsminister,
Krankenkassen dürften viele Maßnahmen
der Sterilitätstherapie nicht mehr bezahlen.
Die BRD ist eben ein Klassen-Staat:
reiche Frauen dürfen sich behandeln lassen,
arme sollen gefälligst steril bleiben,
gibt eh' schon Arme genug,
wozu sollten die sich auch noch vermehren!
Dies das gesundheitspolitische Credo
unsrer staatstragenden Christenpartei…
Wenn Sie also, Monsignore, finanzielle Aspekte
in Angriff nehmen wollen, dann schlagen Sie doch
nicht auf Leihmütter ein,
sondern auf den Bonner Gesundheitsminister,
Ihren Parteifreund!
Rotenburger hat mit Genuß den anmaßenden Geistlichen lahmgelegt, sagt jetzt so liebenswürdig er von Natur ist:
Frau Zeugin, ich bin Ihnen sehr dankbar, daß Sie
ganz klar hier sagten, warum Sie nicht zu Kollege Reinbek,
sondern, um ihn zu schonen, nach England gegangen sind.

ZILLIGER:
Was war der Hauptbeweggrund für Ihre Schwangerschaft,
darf ich das fragen?

ESTHER: Meine Tochter schien eine gute Ehe zu haben,
doch würde die vermutlich scheitern an der Kinderlosigkeit
– abgesehen davon, daß auch mein Mann und ich
(unsere Tochter ist unser einziges Kind),
keine Lust haben, im Alter auf Enkel zu verzichten,
nur weil Parlamentarier, die das einen Dreck angeht,
es so wollen.
Ein Alter ohne Enkel scheint uns noch trostloser
als Altsein überhaupt…

SIEBENSTIEHL: Ist, Frau Zeugin, Ihre Abneigung
vor einem Alter ohne Enkel
nicht ein sehr egoistisches Motiv,

Kinder oder Großkinder, wie?
künstlich sozusagen dem Schöpfer abzulisten, wie?

ESTHER: «Abzulisten»? Jede Operation ist dann eine List
gegen den Schöpfer, den Sie offenbar bedenkenlos
identifizieren mit Krankheit und Leiden:
ich bin nicht so sicher wie Sie, daß Gott gleich Krebs ist
und also durch Krebsoperation, wenn die den Patienten rettet,
überlistet wird! Doch egoistisch, ja gewiß:
es ist immer egoistisch gewesen, Kindern das Leben zuzumuten,
ohne ihnen dessen Risiken ersparen zu können.
Aber die Natur ist eben egoistisch,
sonst gäbe es sie nicht mehr.

Während sie das ohne Prätention sozusagen diagnostiziert, spürt man ihr sehr weibliches Fluidum: eine große, dunkle Vollschlanke, die jünger wurde durch diese späte Schwangerschaft: ihr Sechs-Monate-Bauch steigert ihre eindrückliche Schönheit; sicher tut das außerdem ihre Genugtuung, in Jahren, in denen sie als Mutter einer Tochter Enkelkinder erwartete, dieses Kind selbst noch gebären zu können.

ZILLIGER:
Haben Ihre Ärzte, Frau Zeugin, gesagt, daß Schwangerschaft
in höheren Jahren höhere Gefahren mit sich bringt?

ESTHER: Ja. Alle Ärzte haben zuerst
von den Gefahren einer Schwangerschaft
bei einer Frau Anfang Vierzig gesprochen – ausführlich.

ZILLIGER: Gefahren für Sie – oder für das Kind?

ESTHER: Nur für mich, wenn ich richtig verstanden habe –
hier sind ja Ärzte, die Sie fragen können:
da die Eizelle von einer jungen Frau ist,
sei keine Gefahr für ihr ... für mein ... für unser Kind!
Sie lächelt.
Würde noch ein Schaden diagnostiziert, triebe ich ab.

ZILLIGER: Darf ich sagen, die – ja: Unbekümmertheit,

mit der die Frau Zeugin von Abtreibung redet,
stellte sich heraus, das Kind sei nicht gesund:
schockiert mich.

ESTHER: Unbekümmert klang das,
weil ich sicher bin, es kommt nicht dazu.

ZILLIGER: Meine Frage nicht nur an Sie, an alle hier:
finden Sie es erlaubt,
daß im Zeitalter der pränatalen Diagnostik
im Mutterleib die Auswahl getroffen wird:
ein gesundes Kind trägt man aus, ein krankes treibt man ab?
Halten Sie, Frau Zeugin, es für erlaubt, mit einer Schwangerschaft
sozusagen die Vervollkommnung des Menschen anzustreben?
Wie weit ist es dann noch zur Gen-Manipulation,
von der zwar alle Gynäkologen bestreiten,
daß sie dazu bereit seien?

ESTHER: Sollten Untersuchungen ergeben, daß ich
ein mißgebildetes Kind im Bauch habe,
würde ich abtreiben, selbstverständlich.
Denn das Leben, jedes Leben
ist schon schwer genug, ich halte es nicht für erlaubt,
einem Kind das Dasein eines Kranken zuzumuten.
Nur weiß ich nicht, was das mit Gen-Manipulation zu tun hat?
Blonde zu züchten, weil man Schwarzhaarige genug hat
oder umgekehrt: halte ich für unerlaubt.
Menschen mit drei Armen zu züchten,
weil sie dann vielleicht effizienter arbeiten:
ich kann mir nicht vorstellen, daß eines Tages
Ärzte das wollen oder Ärzten das erlaubt würde.
Ärzte können ja seit langem schon mehr,
als sie dürfen, und tun es doch nicht.
Aber Gene in die Keimzellen von Familien bringen,
in denen bisher Zuckerkrankheit oder andere Leiden
erblich waren, wenn neue Gene das künftig verhindern
– also, ich hielte Ärzte, die das nicht tun,
wenn sie's können: für kriminell, ja!

... verzeihen Sie, wenn ich argwöhne,
Sie wollen hier künstlich eine Problem-Vermengung
nur deshalb vornehmen,
um einen an sich eindeutigen Tatbestand
– das tun ja Psychiater gern – zu komplizieren.

ZILLIGER, *rasch*: Ich fragte nicht als Psychiater,
sondern als Gesetze vorbereitender Politiker.
Aber finden Sie als Frau es nicht problematisch,
daß jemand mit seinem Körper Geld verdient:
ich frage deshalb Sie, weil Sie das ja nicht tun?

ESTHER: Natürlich problematisch, weil's ja viel
gefährlicher ist als etwa die Tätigkeit
eines ... Landtagspräsidenten. Auch beschwerlicher.

LISBETH: Herr Professor, uns Patienten wurde zugesichert,
wir dürften auch Fragen stellen?
Reinbek nickt; auch ihm kann keiner anmerken, daß er Lisbeth kennt oder gar der Arzt ist, der sie behandelt.

ZILLIGER: So ist es. Bitte, fragen Sie ...
Bitte sehr, bitte sehr.

LISBETH, *dem Kommissions-Vorsitzenden zugewendet*:
Sind Sie fähig, den Unterschied
zwischen Amme und Leihmutter zu definieren?
Sie fragten verächtlich, ob vertretbar sei,
daß eine Frau mit ihrem Körper Geld verdiene ...
niemand verlangte von Ammen, umsonst Kinder zu stillen.
Daß Männer diese Fragen immer nur dann stellen,
wenn es um den Körper von Frauen – nie aber
um den von Männern geht: Milliarden Männer verdienen
mit ihren Körpern, indem sie Lasten schleppen.
Schleppt eine Frau ein Kind für eine andere,
soll das schändlich sein: war's nicht sogar
bis zum Anbruch unserer Zeit,
noch in der Jugend unserer Mütter, ehrenhaft,
das Kind einer anderen Frau zu stillen?
Die nüchternen Engländer bezeichnen mit labour,

Arbeit: Geburt, Wehen, Entbindung. Die Franzosen
ebenfalls: travail – Arbeit. Warum wollen Deutsche
so emotionsvernebelt den Arbeitsvorgang
nicht wahrhaben, der im Kinderkriegen ist?
Definieren Sie, Herr Präsident,
den Unterschied – wenn's einen gibt –
zwischen Amme und Leihmutter!

ZILLIGER: Wie kann man das vergleichen!
Er blickt auf Esther:
Frauensache, denke ich.
Würden Sie mir die Definition dieses
– wie ich meine: elementaren – Unterschieds abnehmen?

ESTHER; *während er ohne Widerhall ein bißchen dümmlich lacht:*
Ja, die vielen Monate, in denen ich meine Tochter
an der Brust hatte, haben mich... ebenso elementar
ihr verbunden wie die Schwangerschaft,
vielleicht sogar tiefer.
Ich sehe keinen Unterschied.
Die Schweizer sprechen nicht von Leihmüttern,
sondern – bezeichnenderweise – von Ammenmüttern.
Wir reden nur von Frauen,
die ein Kind austragen für andere...
In verändertem Ton, sich steigernd:
Doch das Kind
wird ja schließlich ausgetragen für sich selbst!
Sein Leben wird ihm ermöglicht; ich frage also:
wo Hilfeleistung zum Leben möglich ist,
ist sie da nicht sogar Verpflichtung?
Sie haben in der Ethik-Kommission
immer nur gefragt, was Mediziner dürfen.
Doch nie: was sie müssen. Hilfeleistung zum Leben:
ist sicher nicht die erste Medizinerpflicht; die ist heilen.
Aber die zweite Pflicht des Arztes ist sie.
Auch wir Nichtjuristen wissen,

daß es sehr geharnischte Paragraphen
gegen verweigerte Hilfe gibt.
Und eine Frau ist oder wird krank,
die sich vergebens ein Kind wünscht.

ZILLIGER, *abschließend*:
Also: Amme, Ammenmutter: für Sie kein Unterschied.

SIEBENSTIEHL, *unentwegt*:
Sie tun's für Ihre Tochter, doch für Geld,
das würden auch Sie verurteilen, nicht wahr?

ESTHER, *rasch*: Nein, durchaus nicht: ich wüßte gar nicht,
wie andere ohne Geld diesen Liebesdienst
... ja, so muß ich es sagen: ver gelten könnten!
Das ist so legitim wie jede andere Tätigkeit.
Ich zum Beispiel bin ohne Passion Lehrerin geworden,
gehe also meinem Beruf auch für Geld nach:
Heuchelei, das bestreiten zu wollen;
ich wurde wieder berufstätig, weil mein Mann und ich
mehr Geld wollten, als er verdiente.
Ammenmütter müssen ebenso bezahlt werden wie Ärzte.
Werbend, herzlich fast
Monsignore, wollen nicht auch Sie Ihre Einstellung
zu Ammenmüttern überdenken? Katholisch
bin ich auch und habe –

SIEBENSTIEHL, *süffisant, gekränkt, dünkeldumm, fällt er ihr ins Wort*:
Soo? Katholisch – Sie?
Das habe ich an Ihren Ausführungen
allerdings nicht ablesen können!

ESTHER: Warum hätten Sie sollen?
Auch Ihnen ist nicht anzumerken, außer am Kragen,
daß Sie katholisch sind.
Denn entweder Sie bejahen die Lehrmeinung
von Christi Herkunft
– daß er nämlich nicht der Sohn des Zimmermanns Josef,
sondern der Sohn Gottes gewesen ist:

dann müssen Sie zugeben: Gott nahm sich
eine Leihmutter... Maria trug für einen anderen
als ihren Ehemann ein Kind aus.
Oder halten Sie für absurd,
daß Jesus Gottes Sohn gewesen sei?
Dann sind Sie nicht katholisch!

SIEBENSTIEHL *steht auf, ja, rückt seinen Stuhl, als wolle er gehen – geht ja auch*: Ich halte das für eine Blasphemie.

ESTHER, *lacht, streckt ihm die Hand hin; niemand vermöchte zu sagen, ob sie ihn mißverstehen wollte*:
Daß Jesus *Gottes* Sohn gewesen sei? – ich auch.
Ich denke, er war der Sohn des Ehepaars Maria und Josef.
Nur kann *ich* mit dieser ketzerischen Ansicht
Studienrätin bleiben
– Sie aber könnten, wenn Sie ehrlich wären,
damit nicht mehr Pfarrer sein.
Bleiben aber doch Pfarrer – warum?
Weil Sie nicht auf das Gehalt als Pfarrer verzichten,
woran Sie merken: *Sie* haben kein Recht,
einer Frau vorzuenthalten,
daß sie für Geld ein Kind austrägt...
Die Frau *liefert* immerhin das Kind.

SIEBENSTIEHL *hat seinen Regenschirm aus einer Ecke genommen, als greife er zu einer Maschinenpistole, und seinen flachen Priesterhut aufgesetzt und sagt zornzitternd*:
Die Unverfrorenheit,
mit der hier die alleinseligmachende Kirche...
und lehne ich ab, lehne ich ab, diese Beleidigungen
nicht nur *meiner* Person,
sondern auch unseres Herrn Jesus, wie?,
der hier einfach zum Menschen degradiert wird
– anzuhören!
Tür schlagend «schreitet» er hinaus.

ARNOLD:
Darf jetzt geraucht werden ... der Pfarrer verträgt das nicht,

darf ich Sie als ... Schwangere fragen, ob –

ESTHER, *amüsiert*: Ich rauche mit.

MONIKA, *lacht*: Bitte – mich stört's gar nicht.

SONJA, *legt ihre breite große Hand flach auf den Tisch; unbewußt sagt diese Geste: ich bin hier die Mittelpunktperson*: Wenn ich nicht muß rauchen!

ARNOLD *ist als Gewerkschafter – ein Mann Ende Fünfzig – in einem vorwiegend akademisch ausgebildeten Gremium (er ist von Arbeitern, deren einer er war, in Gewerkschaftsfunktionen gewählt worden) immer ein bißchen mißtrauisch, wenn angeblich oder wirklich Finanzielles übergangen oder so behandelt wird, als verstehe es sich wie das Moralische von selbst. Er ist von Natur moderierend – und kann sich von Verstand und Gefühl den Bemerkungen Esthers nicht verschließen. Gerade deshalb ist er eine Spur zu beharrlich, wenn er jetzt das Finanzielle in die Diskussion bringt: er hat ja recht, wenn er darauf besteht, das dürfe nicht als nebensächlich abgetan werden ... gefährlich wird er den Frauen nicht als Gewerkschafter, sondern als Vormundschaftsbeamter und Oberamtmann des Jugendamtes ...*:

Ich als Gewerkschafter vertrete in der Kommission
den sozialen Gesichtspunkt.

Die Papiere in der Hand, sie eher von sich wegschiebend, demonstrativ

Diese Vorschläge zur Einschränkung der Reproduktionsmedizin
berühren noch mit keiner Silbe das Soziale ... das doch
fundamental ist bei einer Vielzahl möglicher Fälle.

Zu Sonja: Würden Sie auch dann dieses Kind austragen,
wären Sie nicht finanziell dazu genötigt?

SONJA, *die nicht so gut deutsch versteht*:

Benötigt – finanziell?

LISBETH, *übersetzt, nicht ohne rasch damit beeinflussen zu wollen*:

Nicht benötigt – genötigt: ob du aus Not

– aus finanziellen Gründen gezwungen bist,
mein Kind auszutragen?

SONJA, *irritiert, mehr noch aggressiv*:
In Not? – ich Not? Nein,
geht nicht schlecht in Deutschland,
auch nicht in Jugoslawien – meine Mann und mir.
Nein – ich helfen meine Freundin, Freunde...
sie lacht, faßt dann, während sie redet, Lisbeth am Unterarm
– wenn ich sterben beim Geburt – sie
wird Ammenmutter für meine Kinder! Natürlich.

ARNOLD, *dem es jetzt sichtlich nicht leichtfällt, gegen diese Leihmutter seine Argumente loszuwerden, beginnt behutsam*:
Sie verstehen und sprechen sehr gut deutsch, ich...

SONJA: Sechs Jahre da!

ARNOLD: ... nehmen Sie es nicht persönlich, wenn ich sage,
die Kommission befürchtet sehr, daß Leihmütter
vorwiegend finanzielle Interessen haben, ich –

SONJA, *lacht*: Wer nicht? Interesse – ja. Wir alle.
Wir kennen Zahnärzte, die nur noch drei Tage
in Woche machen Praxis, weil sonst die Steuer
ihnen unterschlingt: soo viele sie verdienen!
Also, wenn Ärzte mir und andere Leihmutter
beschimpfen, wir verdienen Geld... es ist so
... so ungeschämt wie Wein trinken,
doch Wasser predigen.
Es ist schön, ja – auch gerechtig,
daß ich nicht soll umsonst machen.
Aber wenn Frau... meine Freundin, wenn sie arm wäre,
nun, sie würde vielleicht kein Kind wollen.
Aber wenn doch wollen und kann nicht mich geben dafür,
ich trage es doch für sie – was sind neun Monate,
vielleicht nur acht!

ARNOLD, *ein wenig unsicherer noch; dieser Frau ist nicht beizukommen*:

Ich spreche nicht von Ihnen. Aber andere,
meinen Sie nicht, andere Frauen tun das nur für Geld?
SONJA: Was heißt: «Nur» für Geld
arbeiten fast alle Menschen.
ARNOLD: Aber es bleibt doch ein Unterschied,
ob man Lasten trägt oder – ein Kind.
SONJA: Sicher, große Unterschied:
wenn ich trage einen Zentner Kartoffel oder Holz,
das ist nicht angeordnet von Natur, doch ein Kind:
ist angeordnet von Natur.
Ich nie später so gesund mehr gewesen
wie bei zweiter Schwangerei.
Erstes Kind für Gesundheit der Frau,
zweites für Schönheit – ja. Spruchwort.
Würde getragen Kind hier oder dort –
sie zeigt auf ihre Schulter, als sei da ein Rucksack, und auf die Brust
– niemand würde sprechen davon.
Aber weil Kind kommt in die Mutter wie der Mann in sie
wird gefragt, dafür Geld?
Warum reden Männer, wenn Schwangerei,
mit Körper Geld verdienen?
Leihmütter bekommen nicht dafür Geld
– sondern daß sie tragen. Und trächtig sein
ist von Natur oder Gott. Tragen da – ist nur Arbeit.
Keine schöne. Nein. Dies – hier: schöne. Für mich. Ja.
Sonja hat bei den Worten «Tragen da» auf die Schulter gezeigt. Bei «hier» auf ihren Gürtel. Einige am Tisch haben gelacht, doch keineswegs über Sonja, sondern darüber, wie völlig unangreifbar sie in sich ruht.
ARNOLD, *nickt, ganz einverstanden mit ihr. Er erinnert sich nun seines «Pensums» und nur deshalb sein letzter Versuch, von Geld zu sprechen*:
Ich frage für Frauen, die nicht wie Sie
das gern tun, sondern tun müssen für Geld. Aus Not!

SONJA *wirft das gleichsam weg, wie sie jemanden verscheucht:*
Für Geld kann man – anderes tun.
In Not: anderes. Ich nicht für Geld.
ARNOLD: Aber Sie sagten, sogar viel Geld bekämen Sie!
SONJA: Nein – meinte: Wert... kriege Wert.
Land. Meine Mann ist Bauer.
Sie zeigt auf Lisbeth:
Herr... ihre Mann kauft meinen Kindern Land,
vielleicht in Bundesrepublik,
vielleicht in meine Heimat. Da gibt es mehr.
ARNOLD:
Darf man im kommunistischen Jugoslawien Land kaufen?
SONJA: Zehn Hektar pro Person.
Vieh – wird nicht von Staat aufgezählt.
Auch auf Kinder – Kopf
wir dürfen Wald kaufen oder Land.
Zeigt auf Lisbeth:
Vielleicht wir nehmen Zucht-Rindvieh von...
meiner Ei-Mutter: das beste in Europa!
ARNOLD: Und das geniert Sie nicht oder Ihren Mann?
SONJA: Genieren? – Genieren Sie sich, mir so zu filzen?
Was geht Sie an, wann ich mir geniere?
Ich würde sehr genieren,
wenn ich wär Polizist wie hier Sie!
Würden Sie Ihre Sohn erlauben zu werden Zöllner
und gucken andere Leute in Handtasche?
Sie steht auf, als habe sie hier nichts weiter zu suchen.
ARNOLD, *verlegen:* Ich bin weder Polizist noch Zöllner.
Entschuldigen Sie, mir war gesagt worden,
wir dürften Fragen stellen.
SONJA: Fragen, ja. Aber Fragen nach Medizin,
wie es mich geht mit eingepflanzter Embryo.
Dachte ich.
Und ob ich kann Leihmutter empfehlen oder muß warnen.

Aber S i e – was Sie wollen wissen
ist … geredet mit Mundgestank:
Geld, wie viele Geld: Geld stinkt!
– Frage ich Sie, wie viele Geld S i e heute
verdienen, für mich abhören?
Ich will, wo frische Luft.
Damit geht sie hinaus und läßt die Tür souverän wie Hunde und große Herrschaften offenstehen. Ihr sehr dankbar und aggressiv-ironisch gegen den Gewerkschafter fragt

LISBETH:
Nun, Herr Gewerkschaftsrat … oder wie Ihr Titel ist:
haben Sie den Eindruck, hier wird eine Lohnabhängige
von mir eingeschüchtert und ausgebeutet?

ARNOLD, *versucht das «humoristisch» abzutun*:
Wem natürliches Empfinden abgeht für seine Art,
zu Land zu kommen oder zu Rindvieh …
Etwas eingeschüchtert noch immer; ein blödes, kurzes Lachen, auch anderer.

LISBETH, *wendet sich den anderen Lachern zu*:
Was haben Sie gegen Rindvieh?
Ich lebe davon und zahle erhebliche Steuern,
die eine Kommission wie diese zu finanzieren helfen.
Dieses dümmliche Lachen,
ich wäre am liebsten auch schon gegangen …
Sie sollen aber noch wissen: als diese Freundin,
aus jahrelanger Anschauung, wie mir zumute war –
sie stockt
Monat für Monat, weil aus mir nichts wird, wurde –
als sie angeboten hat, mein Kind auszutragen
… da war i c h es:
die erklärt hat, daß ich dieses sehr große Geschenk
nur annehmen kann für ein Gegengeschenk.
D a s, nicht wahr, ist natürliches Empfinden.
Ich schlug vor, da diese Frau keineswegs bereit war,
Geld zu nehmen, auch ihr Mann nicht – ihren Kindern

Land zu kaufen.
Sie, ich, jedermann – keiner von uns
tut einen Handschlag umsonst
– doch von einer zweifachen Mutter erwarten Sie,
daß sie ein drittes Kind für nichts
als ein Dankeschön austrägt?
Sehr «natürlich», Herr Gewerkschaftsrat, Ihr Empfinden!
Für einen Sozialisten hielt ich Sie
– nicht für einen Schnorrer. Guten Tag!
Da sie in Rage abgeht – rennt sie fast Monsignore um oder in seinen Regenschirm hinein, den er – vor sich haltend – wieder mitbringt, als er, den flachen Jesuitenhut noch auf dem Kopf, wieder eintreten will. Er sagt mit ebenso vorbereitetem wie wirkungslosem Pathos, während er hinter Lisbeth die Tür schließt –

SIEBENSTIEHL:
Grüß Gott, ich komme retour, weil mein Gewissen
mir unterwegs verboten hat, vor den frevelhaften Anwürfen
gegen Kirche und Heiland – zu desertieren,
ohne im Protokoll verankert zu sehen,
daß ich die Unzucht künstlicher Besamung
für gottlos, obszön, ja sittenfeindlich erkläre!
Widernatürlich, wie?!
Er sieht sich kampflustig um, als habe er eingeschüchtert. Da das nicht der Fall ist, nimmt er den Stuhl, den Lisbeth ziemlich weit abgerückt hatte. «Verankert», sagte er, als haue er auf einen Amboß.

ROTENBURGER: Bevor Sie, Monsignore, jetzt wiederholen,
was ja im Gutachten als Meinung Ihrer Kirche
schon einen sehr großen Raum einnimmt – empfehle ich,
Frau ... Namen wollen wir ja nicht nennen,
er zeigt auf Monika –
jene Zeugin, die mit dem Samen ihres toten Mannes
eine künstliche Insemination vornehmen ließ,
zu Wort kommen zu lassen. Bitte, Frau Zeugin ...

Er schiebt ihr das Pult zu, sie rückt es weiter zu sich heran und steht auf, ehe sie sagt

MONIKA: Mein Mann ist als Drachenflieger abgestürzt;
ich hatte diesen Absturz immer befürchtet.
Wenn ich Trost fand,
dann nur, weil Herr Dr. Reinbek feststellte,
das Sperma, das mein Mann siebzehn Monate
vor seinem Tode tieffrieren ließ,
könne mich noch schwängern.
Der Einwand, es solle kein Kind auf die Welt kommen,
das keinen Vater habe – scheint mir inhuman:
hätte man demnach Soldaten verwehren sollen,
die mit ziemlicher Wahrscheinlichkeit
in den Tod abreisten,
sich während des Urlaubs noch fortzupflanzen?
Wie heißt die Instanz,
die einem in Existenzgefahr den Trost verwehren will,
wenigstens in Nachkommen fortzuleben?
Das Kind kann mir nicht den Mann,
ich ihm den Vater nicht ersetzen;
wäre auch schlimm, könnte ein Mensch
einen anderen ersetzen; – aber da ist er
ein wenig noch, mein Mann,
wenn sein Kind da ist...
Und was die Psychiatrie betrifft, Herr Präsident...

ZILLIGER, *hebt beide Hände*:
Ich bin, Frau Zeugin, nicht der Psychiater der Kommission
– argumentierte nur einige Male,
weil Dr. Schnittger nicht mehr hier ist,
wie er argumentiert.

MONIKA: Dann können Sie ja auch für ihn antworten.
Die Psychiatrie sagt,
daß ein Kind einen Schock erleide, wenn es erfährt,
daß es nicht in einem normalen Akt gezeugt wurde.
Im Gegenteil. Wenn ich meinem Kind erzähle,

welche Umwege ich gehen mußte,
was ich alles auf mich genommen habe,
ihm das Leben zu geben,
wird es gerührt sein, weil es nicht wie die Mehrzahl
durch Zufall entstanden ist,
sondern vorsätzlich und ersehnt.
Natürlich wird es den Vater vermissen.
Und doch einen Trost darin sehen, daß auch er es gewollt hat.
Ich bringe dies übrigens nicht vor,
um mich zu rechtfertigen, warum sollte ich!
Sondern um die Damen und Herren Ethiker zu bitten,
vor allem den Monsignore,
sich zu erforschen, ob Ihnen zukommt,
anderen Menschen vorzuschreiben, wie weit
sie die medizinische Hilfe in Anspruch nehmen dürfen.
Sie will abgehen, da ruft ihr Siebenstiehl nach

SIEBENSTIEHL:
Gestatten, Frau Zeugin, weil Sie mich apostrophierten,
noch die Frage, ob –

MONIKA, *bleibt stehen*:
Natürlich gestatte ich – warne Sie aber:
ich bin bibelfest. Mein Großvater war Bischof
der Landeskirche Kurhessen-Waldeck … Ich möchte Sie
nicht verletzen, aber die obszöne Komik Ihrer Urteile
hat ja nichts zu tun mit Ihrer Person, sondern damit,
daß Ihre Kirche seit achtzehnhundert Jahren
alle Mütter «Befleckte» schimpft.
Und wie einer lebt, so denkt er:
es gibt kein wahreres Wort als das von Marx:
«Das Sein bestimmt das Bewußtsein.»
So ist natürlich das Resultat des Zölibats
die Sexualneurose – sofern nicht umgekehrt
diese Sexualneurose zur Erfindung des Zölibats führte.
Sie wissen besser als ich, daß die frühen Christen
den Zölibat nicht kannten, die meisten Apostel

lebten natürlich, also verheiratet ...
SIEBENSTIEHL, *zitternd und zeternd vor Abscheu*:
Wollen Sie also, Frau Zeugin, die Behauptung riskieren,
unser Herr Jesus Christus habe unnatürlich gelebt,
weil er allein lebte?
MONIKA, *ungerührt*: Woher wissen Sie, ob er allein lebte?
Wieso spricht dann die Bibel
von Johannes ausdrücklich als seinem «Lieblingsjünger»?
SIEBENSTIEHL, *ein Schrei*:
Homosexuell! – soll Jesus homosexuell gewesen sein!
MONIKA: «Soll»? – ich sage ja nicht, was einer soll:
Sie sagen hier dauernd, was einer soll oder nicht soll.
Ich will es hoffen für ihn. «Weib, was habe ich mit dir
zu schaffen» ist als letztes Wort an die Mutter
ja schon das ärgste, was man zu einer Frau sagen kann.
Und so viel menschliches Verständnis wie Jesus
kann ja einer nicht haben,
sieht man an Ihnen – der asexuell lebt.
SIEBENSTIEHL:
Jesus homosexuell ist jedenfalls als Behauptung
eine Ungeheuerlichkeit!
MONIKA: Immerhin, Apostelinnen hatte er keine.
Was haben Sie denn, Monsignore, gegen Homosexuelle?
Sind Sie selber einer? So böse wie Sie spricht man
doch eigentlich nur gegen das,
was man auch in sich selber haßt!
Hitler war besessen von der Idee,
einen jüdischen Großvater zu haben
– in der Realität macht das leider keinen Unterschied,
ob einer sich das nur einbildet. Die Päpste, die für Kunst
viel geleistet haben, verfluchten Homosexuelle nicht,
sondern nahmen Michelangelo in ihre Dienste,
den Hitler ins KZ gesperrt hätte ...
Die Leibfeindlichkeit der Kirche
basiert offensichtlich auf der Sexualneurose ihrer Redner.

ZILLIGER, *da Siebenstiehl ziemlich abgeschlagen schweigt*:
Was, Frau Zeugin, verstehen Sie unter einer Sexualneurose?
MONIKA:
Zunächst eine Privatsache, die keinen zweiten angeht;
die aber andere betrifft, wenn der von ihr Besessene
sich nicht darauf beschränkt, übers Wetter, über
Religion oder sonstige Nebensächlichkeiten zu sprechen,
sondern wenn er beginnt, Vorschriften
über sexuelles Verhalten anderen aufzuzwingen.
Wie Monsignore, wenn der als Unzucht denunziert,
daß zwei Frauen übereinkommen,
einander beim Austragen eines Kindes zu helfen.
SIEBENSTIEHL: Und wieso, wenn Sie schon nicht
zurückschrecken, hier ganz persönlich zu werden...
MONIKA: Intimer als Sie hier geworden sind,
kann schwerlich jemand argumentieren...
SIEBENSTIEHL: Ihre Unterstellung, ich sei neurotisch...
MONIKA:
Ich unterstelle damit nur, daß Sie nach Vorschrift leben:
wer einen normalen Trieb unterdrückt, kann mindestens d a s,
was er unterdrückt, in Ihrem Fall den Geschlechtstrieb,
nicht mit den Augen der Normalität ansehen... das zeigt
die Aufforderung der amerikanischen Bischöfe,
Leihmutterschaft als Prostitution zu verbieten.
Wer so etwas sagt, ist vielleicht ein Priester,
aber normal ist er nicht...
SIEBENSTIEHL, *zum Kommissions-Vorsitzenden gewendet*:
Muß ich mir so etwas anhören?
MONIKA: Nein, Sie können doch gehen, da Sie ja ohnehin
nichts verstehen von dem, was erörtert wird.
Alle, außer Ihnen, hier wissen,
daß wir in Übereinstimmung handeln
mit dem Alten Testament, das propagiert,
unfruchtbaren Ehepaaren sogar um den Preis
des außerehelichen Geschlechtsverkehrs

zu Kindern zu verhelfen.
Rahel bittet Jaacob, ihre Magd Bilha zu schwängern!

SIEBENSTIEHL, *wild aufbegehrend, was sehr komisch aussieht*:
Aber das Alte Testament ist kein christliches Buch!

MONIKA, *gelassen, ja gleichgültig*:
Uns christlich genug. Was dort dem Rechtsempfinden
entsprach: daß Verheiratete sich andere Partner suchten,
um das Kind zu machen, das in ihrer Ehe
nicht zu machen war,
wird ja heute nicht einmal in Anspruch genommen,
weil jetzt Ärzte die Besamung in einem Glas
oder mit einer Spritze vollziehen...
Also weit weg von dem, was Sie Unzucht schimpfen, Monsignore.
Ihre Kirche sollte endlich festlegen, was sie will:
den normalen Akt als Befleckung verteufeln,
durch Ernennung der Gottesmutter zur Unbefleckten,
oder Ammenmütter Prostituierte schimpfen,
weil sie ohne Fleischeslust schwanger wurden...
Beides aber gleichzeitig zu behaupten: ist so absurd
wie alles, was Sie glauben, credo quia absurdum est.

ESTHER, *angriffslustig*:
Ja, Monsignore, wenn Schulkinder mich fragen,
wie gedenkt denn unsere Kirche fertigzuwerden
mit dem Novum, daß plötzlich nicht mehr
allein Jesus fleischlos gezeugt wurde,
was die Kirche «rein» nennt, also ohne Liebe
zwischen Josef und Maria
– sondern daß auch alle in vitro, im Glas
gezeugten Kinder ebenso ohne Fleischeslust ihrer Eltern
entstanden sind?
Alle Retortenbabies sind logischerweise demnach
ebenso frei von Erbsünde wie Jesus?

SIEBENSTIEHL, *keineswegs verlegen, sondern unbeirrbar dogmenverdummt und entsprechend selbstbewußt*:

Aber nein: Unser Herr Jesus wurde ja nicht durch Sperma,
sondern durch den Heiligen Geist gezeugt.
Sperma ist selbstredend sündig.
ESTHER, *da einige lachen, auch sie ist erheitert*:
Mithin, Monsignore, fügen Sie jetzt dem alten
– noch ein neues Dogma hinzu: auch Sperma,
das nicht durch fleischliche Vereinigung
das Ei der Frau erreicht hat, ist schon sündig?
SIEBENSTIEHL: Jawohl: Genau so ist es!
ESTHER, *sarkastisch*: Da kann ich nur sagen,
die Kirche wird immer überzeugender!
SIEBENSTIEHL, *da noch einige sehr respektlos lachen*:
Hier wird sophistisch-systematisch überspielt,
daß ich Eingriffe allein in den Körper des Menschen
als Ebenbild Gottes für areligiös
und verwerflich halte, wie?
MONIKA: Auch damit, Monsignore, widersprechen Sie
der Bibel, deren erster Schöpfungsbericht
schon von einem kolossalen Eingriff
in den Körper des Mannes redet: Gott ließ bekanntlich
einen Tiefschlaf über Adam kommen,
also die volle Betäubung, um ihm eine Rippe zu nehmen,
und aus der dann die Frau zu bilden.
Und nicht Gott sprach dann, dies ist Fleisch von meinem Fleisch,
sondern der Mensch sagte das, und da er ein Mann war,
nannte er das neue Wesen nicht Weib, das Wort hatte er ja nicht,
sondern Männin, ischschah ...
SIEBENSTIEHL: Wollen Sie, was Gott selbst getan hat,
auch unseren Göttern in Weiß konzedieren?
Aus einer Rippe einen Menschen machen!
MONIKA: Daß Sie das Klischee Götter in Weiß
übernehmen, war vorauszusehen:
Kein Klischee kann vor Ihnen sicher sein!
Aber waren es nicht Ihre Leute,
die behaupten, der Mensch sei das Ebenbild Gottes?

Und wie oft tritt Jesus als Heilender auf!
Wozu diese Geschichten tradieren, wenn sie nicht
lehren sollen zu heilen?
Wozu in der Bibel die Tragödien der vielen Frauen,
der Anna, Rahel, Sarah, Rebekka
bis Gott sie erhört, ihre Opfer oder Leihmütter annimmt:
um ihnen dann doch das Kind zu schenken?

ZILLIGER: Ist das heute noch ein Segen, Frau Zeugin?
Warum nicht ein Kind, will man unbedingt eins,
aus dem Waisenhaus holen?

MONIKA: Haben Sie, Herr Präsident, Kinder?

ZILLIGER: Drei habe ich –

MONIKA, *rasch*: Aus dem Waisenhaus?

ZILLIGER: Nein, eigene.

MONIKA: Drei! – doch anderen verbieten, welche zu kriegen?

ZILLIGER: Infam, Probleme der Allgemeinheit
mit den Personen zu identifizieren,
die bereit sind, sich dieser Probleme anzunehmen!

MONIKA: Im Gegenteil: Humanität fängt erst an,
wenn man ad personam das diskutiert und empfindet,
was man anderen als Gesetz auferlegen will!
Sie reden von Allgemeinheit: definieren Sie,
was oder wer ist Allgemeinheit?

ZILLIGER: Allgemeinheit, darunter verstehe ich jene,
um die man sich sorgt.

MONIKA: Sie sorgen nicht, Sie machen Vorschriften
– wer will denn von diesen kinderlosen Frauen,
daß Gesetzgeber sich um sie «sorgen»?
Keine dieser Mitbürgerinnen will,
daß Allgemeinheit – übrigens ein verdammt
zweideutiges Wort, die Gemeinheit aller –
sich um sie sorgt! Lassen Sie die doch
in Frieden, diese Frauen!

ZILLIGER:
Wenn Sie mir vorwerfen, daß ich drei Kinder habe...

MONIKA: Das hätte doch keiner hier erwähnt,
würden Sie nicht anordnen wollen,
wer seine Kinder zu adoptieren
– statt selbst zu zeugen hat!
Warum haben Sie nicht adoptiert?
ZILLIGER: Heute sieht man das anders: meine Kinder
sind längst Erwachsene.
MONIKA: Und dürfen Ihnen Enkelkinder
nur aus dem Waisenhaus schenken?
ZILLIGER, *sehr verärgert*: Ich gebe auf.
Er setzt sich, doch
MONIKA *insistiert*:
Haben Sie Enkelkinder? – Ach, haben Sie so viele,
daß Sie diese Frage fürchten?
ZILLIGER: Ich habe elf Enkelkinder.
MONIKA: Schon jetzt? – Ja, das macht allerdings auch mir
angst vor der Bevölkerungs-Explosion!
ZILLIGER: Mit Spott kriegt man alles klein.
MONIKA: Auch mit Spott kann man nicht
aus elfen drei machen!
ZILLIGER: Es ist zwar hart, keine Kinder zu kriegen,
aber kann man an Trauer-Arbeit nicht wachsen?
MONIKA:
Wachsen an – Trauer? Hab's nicht gemerkt, seit ich trauere.
Sie reden wie der Dichter Rilke, der auf Schlössern
von Fürstinnen oder wenigstens Gräfinnen lebte,
doch drucken ließ: «Armut ist ein großer Glanz von innen»!
Sie lacht und setzt sich.
ZILLIGER:
Wer lebt, lebt zu Recht. Aber künstlich und angestrengt
und gegen sehr viele Kosten: Leben schaffen,
das die Natur einem Paar verweigert? Warum!
Seitens der Befürworter wird nie gefragt,
muß denn das sein,
daß die Menschen Kinder kriegen, nur weil sie wollen:

ich vermisse die Einsicht, daß es christlicher ist,
sein Schicksal anzunehmen. Wo es Schicksal ist,
hat da nicht auch die Medizin ihr Recht verloren?

ROTENBURGER, *so schroff wie bisher keine andere Äußerung*:
Herr Kollege, bisher galten Sie als Psychiater –
fungieren Sie jetzt als Theologe?
Warum, wenn Sie uns das sagen können, ist dann
der Monsignore in unsere Runde zurückgekehrt?
Soll der jetzt als Psychiater reden?
Ich halte schon längst für denkbar,
daß Ihre Jobs austauschbar sind:
Der Theologe, der doch das Intim- und Eheleben
gar nicht kennen dürfte, tritt als Fachmann dafür auf.
Sie als einer, der beantworten kann,
was Schicksal, ja sogar: was christlich ist.
Schicksal ist das Unabwendbare.
Doch was durch einen – übrigens jetzt
relativ einfachen, medizinischen Eingriff abwendbar ist,
Kinderlosigkeit, kann demzufolge so wenig Schicksal sein
wie jedes andere zu heilende Leiden.
Monsignore – sind Sie trotzdem der Auffassung,
Kinderlosigkeit passiv hinzunehmen, sei christlich?

SIEBENSTIEHL: Durchaus. Ich stimme durchaus zu
dem Herrn Kollegen von der Psychiatrie.
Wollte Gott, diese Paare
würden mit Kindern gesegnet:
Gott hätte ihnen Kinder geschenkt!

ROTENBURGER: Monsignore wissen, daß Gott sich
um diese Einzelheiten kümmert?

SIEBENSTIEHL: Daran zu zweifeln wäre Häresie!

ROTENBURGER: Dann können Sie, wenn Gott diese Details
persönlich anordnet, auch erklären, warum er
Medizinern zweitausend Jahre nach Christi Geburt
ermöglicht, bisher Kinderlosen zu helfen.

SIEBENSTIEHL: Um sie in Versuchung zu führen!
Woher wollen Sie wissen,
ob es nicht viel mehr der Satan war,
der den Embryo-Transfer Eltern und Ärzten
an Hand gegeben hat,
um sie an dieser Hand in die Hölle zu ziehen
und die sündige Menschheit in die Bevölkerungs-Explosion, wie?
ROTENBURGER, *der vor Sarkasmus kaum reden kann*:
Einigen wir uns, was von Ihren Äußerungen
im Protokoll «verankert» werden soll.
Würden Sie einverstanden sein –
er diktiert Frau Grätz
– der Vertreter der alleinseligmachenden Kirche...
SIEBENSTIEHL: ... der katholischen genügt.
ROTENBURGER, *Handzeichen zu Frau Grätz*:
... der katholischen hält das Verklebtsein der Eileiter
für das Werk Gottes?
SIEBENSTIEHL, *zögernd*:
... sagen wir: ist als Gottes Wille zu respektieren.
ROTENBURGER, *als tue ihm leid, das anfügen zu müssen, was er mit gezielter Bosheit sehr gern tut*:
Während die Beseitigung dieser Störung durch Mediziner,
müssen wir dann hinzusetzen, Monsignore,
ein Werk des Satans ist...
SIEBENSTIEHL, *Hand hebend*:
Nein – gehe so weit nicht, sage aber:
da es nicht von Natur...
da es auch von Natur nicht gewollt ist;
demnach, logisch: widernatürlich ist.
ROTENBURGER:
Aha, die Personal-Union von Gott und Natur!
Die Prothese in Ihrem Mund – fällt deren Notwendigkeit
nun unter Gottes oder Teufels Werk?
Wenn ich Sie richtig verstanden habe, von Gott
kann kaum gewollt sein, daß Sie noch kauen können.

Der Satan hat Sie einem Zahnarzt zugeführt.
Es ist ja, medizinisch gesehen, ein schwierigerer Eingriff,
Zahnprothesen zu setzen –
als Samen in einen
Muttermund zu injizieren.
Würden Sie, Monsignore, was der Dentist Ihnen getan hat,
als Teufelswerk verurteilen?

SIEBENSTIEHL: Was im Mund geschieht und was in einem
Muttermund: ist wohl ein Unterschied.

ROTENBURGER: Aber doch kein religiöser – oder?
Und übrigens sprechen Sie auch jetzt über eine Sache,
von der Sie so wenig verstehen wie ich von Gott:
denn die In-vitro-Fertilisation geschieht gar nicht im Muttermund.
Kein Mensch kann mit einem Muttermund so sündigen
wie mit seinem Mundwerk! Jedenfalls, Monsignore,
sind die Äußerungen der Kirche und die des Psychiaters,
an Präzision durchaus vergleichbar!

ZILLIGER:
Ich habe weder von Gott noch vom Teufel gesprochen.

ROTENBURGER: Aber doch von Christentum und Schicksal.
Nichts gegen Psychiatrie,
aber wenn als Wissenschaft daherkommt,
was zum Verwechseln dem ähnlich ist,
was der Theologe redet?
Er setzt sich wieder in den Hintergrund, als gehe das alles ihn nichts mehr an.

ZILLIGER: Der Psychiater ist aber mit dem Theologen
der einzige hier in der Runde, der sich
Gedanken macht um das Kind...
vom Elend kinderloser Eltern wird hier dauernd geredet
– wer redet vom Kind ohne Vater oder ohne
Kenntnis seines anonymen genetischen Vaters?

ESTHER:
Durchaus hat meine... Nachbarin hier... Sie, nicht wahr,
Sie haben davon gesprochen,

wie Ihrem Kind zumute sein wird.
Dankbar, natürlich, wird Ihr Kind sein.

ZILLIGER: Vielleicht. Ja. Doch von anonymen
Samenspendern war so wenig hier die Rede
wie davon, was ein Kind zu denen sagen wird.

ESTHER: Warum soll das Kind davon erfahren?
Oder gar erfahren, wer der Mann war? Oder der Mann:
warum soll der nun plötzlich erfahren,
bei welchen Eltern das mit seinem Sperma gezeugte Kind lebt?
Ich verdanke dem Bundesverfassungsrichter Benda den Hinweis,
daß seit vielen Generationen schon, seit 1884
– damals in den USA – anonyme Samenspender, bemüht werden:
wie kommt man jetzt dazu, deren Anonymität aufzuheben?
Welche Roheit und Niedertracht gegenüber dem Mann
– nur ein Beispiel –, der wirklich Vater einem Kind wurde,
von dem er wußte, es habe fremdes Blut!
Wer wird künftig seine Liebe noch einem fremden Kind
zuwenden, wenn er riskiert,
daß nach fünfzehn oder achtzehn Jahren
seine Tochter, sein Sohn – ihn vielleicht stehen lassen
mit einem «Danke schön» und sich womöglich abwenden,
dem natürlichen Erzeuger zu, weil der, sagen wir,
eine lukrative Firma zu vererben hat?

MONIKA, *wirft ein*:
Skandalös, daß plötzlich Behörden einfällt,
jedes Kind habe den Anspruch,
seinen natürlichen Vater zu kennen:
wie wäre dieser Anspruch ethisch zu begründen?
Würde doch seine Erfüllung beide Väter,
den natürlichen wie den, der das Kind aufzog,
todunglücklich machen! Höre ich dann,
daß ausgerechnet jetzt so argumentiert wird,
dann kann ich den Verdacht nicht abweisen,
man stellt sich bedenkenlos in den Dienst des Staates,
der ja in unserer Zeit mit seinen Datenbanken

der hundertprozentigen Erfassung des Menschen zusteuert.
Bedenkt man, welche Unzahl von Fragen neulich bei der Zählung
den Leuten zugemutet wurde – dann korrespondiert das verdäch
mit dem Gerede, Samenspender seien öffentlich zu machen
und Adoptierte müßten ihre natürlichen Eltern kennen!
Es ist doch ein Segen, daß Kliniken und Jugendämter
bisher die Herkunft und Hinkunft von Kindern verschweigen.
Denn was geht vor in einem Kind,
müßte es sich demnächst sagen,
die hat also gewußt, wo ich bin, diese Mutter
– und nie, niemals nach mir gefragt!
Welche Einstellung zu Frauen wird dann dieses Kind
haben? Oder zu Männern,
wenn es sich um einen Samenspender handelt,
der sein Sperma weggab wie ein Organspender
... der auch nie fragt,
was aus seiner Niere wurde.
Aber Sperma ist eben keine Niere
– und wie immer man eine Frau beurteilt, die ihr Kind
in fremde Hände gab, sagen wir, um ihm wirtschaftlich
ein sonnigeres Leben zu gewährleisten, als sie selber
ihrem Kind je hätte geben können: sie hat es weggegeben!
Und es ist nicht auszuschließen, daß dies ein Schock wird
in dem Kind, das davon erfährt – ein Schock, der anhält,
so wie der Schock anhält über einen Vater,
der nie von seinem Kind wissen wollte...

Esther:

Ja, die seit hundert Jahren den Samenspender anonym hielten,
so wie sie ihm verschwiegen haben,
welche Frau sein Sperma bekam:
diese Ärzte, Politiker, Juristen waren nicht dümmer als die heute
Warum also diesen bewährten Brauch
außer Kraft setzen, nur um dem Popanz zu huldigen,
Wahrheit an sich, auch Wahrheit, die einen Menschen
oder mehrere zugrunde richten muß: sei schon ein Wert?

Zu wem gehört denn ein Kind?
Zu dem doch nicht, der für fünfzig Mark einer Klinik
sein Sperma gab; und dann nie nach dem Kind fragte.
Zu der doch nicht, die es nicht selber wollte,
sondern schon im Entbindungsheim anderen gab,
ohne zu wissen, in wessen Hände. Nein, unser Kind ist,
wer bei uns aufwuchs, wer fünfzehn, zwanzig Jahre
so gelebt hat mit uns, daß er gar nicht auf die Idee kam,
wir seien nicht seine Eltern!

REINBEK: Ich schließe mich Ihnen an, gnädige Frau!
Wenn Tücke, also Gemeinheit böser Nachbarn oder Zufall,
eines Tages doch das Kind wissen läßt, es sei ein adoptiertes,
dann ist dieser Einzelfall schon so schlimm,
um Warnung für die Allgemeinheit zu sein – die Warnung,
nicht freiwillig und ohne Notwendigkeit
allen dieses Schlimme anzutun.
Verdient denn Wahrheit diesen Namen,
wenn ihr Preis ist, einen bisher Ahnungslosen
seelisch zu verwüsten? Und –

Auf fliegen alle drei Türen, sehr lautes «Konzert» aus mindestens fünf Trillerpfeifen; leicht reißende Papiertüten mit Mehl, die aus jedem Türrahmen auf die am Tisch sitzenden Männer – nur auf die Männer – geworfen werden (nicht alle treffen und zerplatzen), machen Staub und Tohuwabohu am Tisch. Drei jüngere Frauen, alle mit großen bunten Taschen, in denen man ein Kind leicht befördern könnte, in denen aber Mehltüten waren und weitere sind, dringen ein, schließen hinter sich zwei der drei Türen, während in der dritten Tür eine Frau mit einem Gartenschlauch steht, den sie bedrohlich auf Rotenburger und Zilliger gerichtet hat und wie Feuerwehr

Wasser marsch! Wasser marsch!

Knoll
Roche
Merrell Dow
Wyeth
Boehringer Ingelheim
ALMEDICA
Upjohn
CIBA
JANSSEN PHARMACEUTICA AG
ORYX PHARMAZEUTIKA AG
Wellcome
Cilag
Geigy
PARKE-DAVIS

SCHWEIZERISCHE AKADEMIE DER MEDIZINISCHEN WISSENSCHAFTEN
ACADÉMIE SUISSE DES SCIENCES MÉDICALES
ACCADEMIA SVIZZERA DELLE SCIENZE MEDICHE

CH-4051 Basel/Bâle
Petersplatz 13
Tel. 061/25 49 77

C R E D O

Ich glaube an die Gentechnologie und den Forscher, den allmächtigen Schöpfer der Giftgaswolken und der Atomexplosionen. Und an das Super-Baby, das Invitro-Söhnchen, das empfangen durch kostspielige Quälereien, geboren von der Gebärmaschine Frau, untersucht, genmanipuliert, vollgestopft mit Medikamenten am dritten Tag über jede Missbildung erhaben, wieder eingegliedert, sitzt zur Rechten des Industriebonzen, von wo es kommen wird, zu richten die die leben wollen und die die schon an Hektik und Ueberkonsum verendet sind.
Ich glaube an das Wirtschaftswachstum, an einen allgemein durchmilitarisierten Alltag, die Gemeinschaft der weissen Unterdrücker Vergebung des sündhaften Widerstands, Auferstehung der alles ertragenden Roboter und an die Mär vom ewigen Leben.

A M E N

Du bist Gynäkologe und an diesem Kongress um dich über die neuen Techniken informieren zu lassen. Da geht es nicht um Frau-Wohlsein, sondern um die Beherrschung und und Zerstückelung unserer Körper und unserer Lebendigkeit.
Wir sind tausende von Frauen und werden täglich mehr - die hier und in der 3. Welt gegen deine unterdrückende Techniken und gegen deine Unterstützung der letzten Bastion des Wirtschaftswachstum Widerstand leisten.
Weil wir leben wollen, muss der Wettkampf der Supermänner um die universelle Vaterschaft aufhören!

FRAUEN-WIDERSTAND GEGEN GEN- UND REPROTECHNIK !!!

schreiend bei vollaufgedrehtem Hahn losspritzen läßt: die zwei Getroffenen fliegen fast aus der Schußlinie des Strahls, dann kriegen Monsignore, dann alle anderen Männer volle Wasserladungen ab. Jetzt fallen Bilder – die Fotos der früheren Chefs – von den Wänden, weggespritzt durch den harten Strahl. In diesem Augenblick stürzt Lisbeth wieder in den Raum, wirft ihre Zigarette weg und entreißt der Wasserspritzerin (da sie nicht damit rechnet, gelingt es) den Schlauch und richtet ihn auf den Boden oder in eine Ecke, in der niemand steht. Der Wasserhahn (unsichtbar) draußen auf dem Flur wird jetzt abgestellt – auch von einer Frau: Monika Beranek ist rascher als Reinbek und Arnold, die zunächst perplex sind wie alle Männer hier. Daß es Monika Beranek war, die das Wasser draußen abgedreht hat, sieht man daran, daß sie den Schlauch vom Hahn abgeschraubt hat und dessen Ende mit hereinbringt und verächtlich zweien der Demonstrantinnen zuwirft. Dabei schreit sie, die ja noch keines der inzwischen entrollten Transparente lesen konnte –

MONIKA: Müßt ihr ausgerechnet die drei Männer in der Stadt, die uns Frauen helfen, attackieren!
LISBETH *ergänzt sehr laut und verächtlich*:
Mit Wasser und Mehl – mangels Argumenten!

Siebenstiehl hat – aber erst als er schon pudelnaß war – seinen Regenschirm aufgespannt und ist zur Rampe geflüchtet: dies und auch das Abdrehen des Wassers alles binnen einer Minute. Aber noch sind drei Trillerpfeifen der Eingedrungenen rhythmisch laut im Einsatz, auch Beutel mit Mehl platzen noch auf getroffenen Männern: Es geht zu wie in Basel in dem so vornehmen Vortragssaal Bernouillianum im Herbst 1986, als abends eine Crew entschlossener Feministinnen den Vortrag zweier Gynäkologen sprengte. Nur daß heute hier – mit Rücksicht auf das Sicht-

bare – Mehltüten geworfen werden, während zu Basel die Damen Stinkbomben warfen. Doch die Trillerpfeifen werden hier benutzt wie einst dort – noch immer. Im Lärm ein Flugblätterschnee: das hier in Faksimile abgedruckte Flugblatt wird – gekürzt – im Chor verlesen; es war auf gelbem Papier gedruckt. Einzelne «Kern»-Sätze auf einzelne Sprecherinnen verteilt, die aber doch in einer geschlossenen Gruppe, eben einem «Chor», an der noch offenen Tür stehen. Zwei haben gleich beim Eindringen ein gut lesbares Transparent entfaltet, das so groß ist wie für Straßenumzüge und an zwei Bambusstangen getragen wird. Auf ihm zu lesen:

FRAUEN-WIDERSTAND GEGEN GEN-
UND REPRO-TECHNIK!
Ausbildungs-Stopp für männliche Frauenärzte!
Gegen die Zerstückelung unserer Körper!
Gegen Wettkampf der Supermänner um
die universelle Vaterschaft!
Keine Quälereien an der Gebärmaschine Frau!
Rettet das letzte Stück wilder Natur!

Viel Text, der auf den ersten Blick auch aus Entfernung leicht lesbar sein muß.
Dabei schreien die Plakatträgerinnen:
Endlösung der Frauenfrage durch
kinderwütige Technodocs.

CHOR DER FRAUEN, *Trillerpfeifen zwischen je einem «Kern»-Satz; die Schreie: von je Einzelnen eine einzelne Zeile*:
Ich glaube an die Gentechnologie und den Forscher,
den allmächtigen Schöpfer der Giftgaswolken
und der Atomexplosionen.
Schreie: Reduktions-, nicht: Reproduktionsmediziner!
Trillerpfeifen. Drei Mehlbeutel-Geschosse.

Schreie: Eierdiebe! Technopatriarchen! Frauenzerstückler!

CHOR: Ich glaube an das Super-Baby, das In-vitro-Söhnchen,
empfangen durch kostspielige Quälereien,
geboren von der Gebärmaschine Frau,
genmanipuliert, vollgestopft mit Medikamenten,
am dritten Tage über jede Mißbildung erhaben,
sitzend zur Rechten des Industriebonzen...
Schreie: Femizid: Männer-Strategie
zur Endlösung der Frauenfrage!
Gebärneid. Technodocs!

LISBETH, *die Arme vor der Brust verschränkt, ist neben Monika getreten, offensichtlich bereit, erst einmal zuzuhören; nicht etwa, weil sie sich kein Gehör verschaffen könnte. Doch «Endlösung», dieses historische Vorkommnis ohne Beispiel, hat sie aufgeschreckt. Sie macht, «geladen» jetzt, einen Schritt auf die Schreierinnen zu und wird ebenso laut:*
«Endlösung»? – Idiotinnen! Wer irgendwen
mit Nazis vergleicht: kann nur selbst einer sein.
Weißt du nicht, was Endlösung war?

GEGENSTIMME *einer der Transparentträgerinnen:*
Du Verräterin: nennst uns Idiotinnen
und bist selber die nützliche Idiotin
hier dieser Supermänner, die aus Gebärneid
keine Frau angucken können, ohne sie zu manipulieren,
zu schwängern und mit Medikamenten vollzustopfen,
wie sie Mastgänse stopfen!

LISBETH: Ich stopfe die Gänse, nicht mein Mann...
das machen wir Bäuerinnen... so albern wie dein Vergleich
ist dein ganzes – ist euer ganzes Gequatsche!
Kennt ihr die Männer, die gegen Ärzte
eure Verbündeten sind... den da, zum Beispiel
und seine ganze römische Firma?
Sie zeigt auf Monsignore Siebenstiehl, der sich – wie alle Getroffenen – vom Mehl zu reinigen versucht, was unmöglich ist, denn das Mehl ist naß und hat die Kleider sehr ver-

schmiert... Es ist komisch anzusehen, wie der Versuch, seine Kirchenuniform zu säubern, diese schwarze Gewandung immer weiter verschmiert. So ergeht es auch allen anderen Männern, die an sich herumwischen, auch in ihrem Haar.

Hört ihr denn nicht, wie ihr benutzt werdet
von der schwärzesten Reaktion,
deren zentraler Propagandaschlager noch heute
die Verteufelung aller Mütter ist
durch das Ekelwort: «Unbefleckte Empfängnis»?

DEMONSTRANTIN, *eine noch sehr junge Frau, die vermutlich noch gar nicht erfahren hat, ob sie nicht eines Tages die Hilfe der Medizin braucht, wenn sie ein Kind bekommen will. Sie ruft leidenschaftlich*:

Wer ist denn haftbar für seine Verbündeten:
Sie wissen genau, wie demagogisch es ist,
unsere Argumente dadurch zu entwerten,
daß Sie sagen, sie seien auch die der Kirche.
Ich zum Beispiel spreche als gewählte Abgeordnete, die –

LISBETH, *und allmählich kommt zwischen diesen beiden Frauen ein Gesprächston auf, ihr Geschrei flaut ab zu einem Disput*:

Ihr redet ganz genau den gleichen Quatsch
wie der Papst – und seid nur gegen die,
weil sie noch keine Pfarrerinnen haben.

DEMONSTRANTIN: Theologisches interessiert uns nicht!
Uns geht es allein darum:
‹Künstliche Fortpflanzungsmethoden
sind nur dann zuzulassen, wenn sie sich einfügen› –

LISBETH, *die ihr nur ins Wort fällt – sieht aus, als falle sie auch körperlich über sie her*:

‹Sind nur dann zuzulassen›: hörst du, hört ihr,
was die da sagt: ‹Sind nur dann zuzulassen›
– was habt denn ihr ‹zuzulassen›, wer hat denn euch
ermächtigt, etwas ‹zuzulassen› oder nicht,

außer an euren eigenen Körpern:
Hast du nie von Selbstbestimmungsrecht gehört:
Mein Bauch gehört mir: erstes Gebot!
Seid ihr verrückt
– euch anzumaßen, jemandem wie mir vorzuschreiben,
ob sie Mediziner für eine Schwangerschaft
oder eine Leihmutter zu Hilfe holt: was geht denn das
– Frauen an, Männer an,
die ohne Hilfe Kinder kriegen? Was geht denn das
den Staat an. Seid ihr Gesetzgeber
– oder dessen Büttel, die Büttel der Gesetzmacher?

DEMONSTRANTIN:
Ja, Gott sei Dank: bin ich allerdings, im Parlament.
Die hier in je eine Anführung gesetzten kategorischen Äußerungen sind wortgetreu dem «Recht und Menschenwürde»-Aufsatz von Barbara Fischer entnommen («Schritt ins Offene», 16. Jg., Nr. 6, 1986). Im Ton nicht weniger laut als Lisbeth, in der Geste ebenso bedrohlich, steigert auch die Demonstrantin ihre Argumentation zu Geschrei; wieder wörtlich die Juristin Fischer:
‹In-vitro-Fertilisation sprengt menschliche Dimensionen.
Die Anwendung als ultima ratio bedeutet,
daß vor dem Beginn der eigentlichen Behandlung
eine Reihe von bereits fehlgeschlagenen Versuchen liegen
... Das jahrelange vergebliche ‚Üben', um auf natürliche Weise
zu einem Kind zu kommen, zuerst ohne, dann mit
massiver Hormonzufuhr und unter Beobachtung
eines genauen Zeitplans, läßt die körperliche
Vereinigung von Mann und Frau
zu einem zwangvollen Vorgang verkümmern.›

LISBETH *kann sich nicht zurückhalten, diese Frau jetzt drohend anzufassen*:
Reden Sie von sich selber und Ihrem Mann: bitte!
– wenn Sie aber etwa verallgemeinern wollen:
dann ohrfeige ich Sie. Was wissen denn Sie,

ob die körperliche Vereinigung anderer Leute
zu einem – wie sagten Sie:
‹zwangvollen Vorgang verkümmert›!
Und aus Ihrem Wahn oder Ihrer Hoffnung,
wenn andere koitierten, dann müsse das ebenso
wie offenbar bei Ihnen – denn woher wissen Sie
das sonst – ein ‹zwanghaft verkümmerter Vorgang› sein:
wollen Sie ein Verbot ableiten, in der Retorte
Samen und Ei zusammenzuführen?
Sie sprechen als Abgeordnete, sagten Sie.
Eben deshalb ist gemeingefährlich, was Sie reden
– oder haben Sie je eine Frau wie mich konsultiert?
Oder je mit einer Ammenmutter geredet?
Sprächen Sie nur als Private, Sie machten eine Antwort
so überflüssig wie alles, was Sie sagen:
aber ihr wollt ja nicht nur mit Mehl und Wasser
– mit Gesetzen wollt ihr Ärzte überschütten,
die uns zu Müttern machen!
Sollen aus diesem Bundesland nur Wohlhabende
auf diese Weise zu ihrem Kind kommen –
weil die das Geld haben, in England machen zu lassen,
was Sie hierzulande verbieten!

DEMONSTRANTIN: Im Gegenteil, ich denke an Arme:
‹Die häufig notwendigen Arztbesuche bestimmen
den Lebensrhythmus der Frau und verhindern
eine regelmäßige Berufstätigkeit.›

MONIKA: Aha: Berufstätigkeit gleich Lebensrhythmus!

DEMONSTRANTIN: ‹Die völlige Ausrichtung ...
auf das erhoffte Kind wird oft zum einzigen Lebensinhalt.
Die verschiedenen körperlichen Eingriffe sind zum Teil
sehr schmerzhaft. Die Erfolgsquote der IVF-Behandlung
liegt nur bei fünf Prozent.›

LISBETH:
Und was geht Sie – was geht überhaupt Politiker das an?
Dürfen Frauen nicht selbst und allein entscheiden,

ob sie diese Schmerzen in Kauf nehmen?
Wenn Sie so sozial denken wie Sie reden:
dann sorgen Sie im Parlament dafür, daß Frauen,
die aus diesem Grund nicht voll berufstätig sein können,
Krankengeld kriegen – aber lassen Sie es doch allein
die Sorge dieser Frauen sein, ob ‹die völlige Ausrichtung
auf das erhoffte Kind... zum einzigen Lebensinhalt›
bei ihnen wird – w i e b e i m i r!
Was haben Sie einzuwenden.
Was haben denn Sie für einen ‹Lebensinhalt›?
Was geht denn Sie an, ob mein Wunsch, Mutter zu werden
– mein sehnlichster ist?
Wohin führt das, wenn Dritte, gar eine Behörde
sich auch dafür noch interessieren, was zwei empfinden,
die im Bett sind!
Gehen Sie ins Parlament und reden Sie dafür,
Schwangerschaftshilfen durch Ärzte via Krankenkasse
bezahlen zu lassen – dann tun Sie etwas für Wählerinnen,
aber schreiben Sie ihnen nicht vor,
worin sie ihren Lebensinhalt suchen sollen!

ZWEITE FEMINISTIN:
Wer diskutiert – ist schon bereit, sich umstimmen zu lassen:
Wasser marsch! Wasser – bis die Versammlung
dieser Technopatriarchen gesprengt ist!

Denn während die Abgeordnete und Lisbeth debattiert haben und auch Monika ihnen zugehört hat, ist unbemerkt eine der Wasserspritzerinnen hinausgegangen, um den Schlauch wieder anzuschließen; eine andere hat ihn aufgehoben und damit losgespritzt, bevor sie anfing zu schreien. Drei Trillerpfeifen nun, drei Mehlbeutel-Geschosse, eines trifft wieder Monsignore, andere treffen andere. Nun schreit

SIEBENSTIEHL, *auf den Chor zueilend, den Schirm dabei schließend*:
Aber wir sind doch Verbündete, wie?!

Sie verkünden, meine Damen – doch das gleiche
wie die Kirche! Hören Sie doch, hören Sie mir –
Er ist bei ihnen, ergreift eine Hand, die ihn fortschubsen wollte, schüttelt sie, strahlt die Frauen an.

ROTENBURGER, *in den Vordergrund getreten, sagt total resigniert an der Rampe*:
Das Ende der Aufklärung:
Hochzeit Heiliger Vater-Feministinnen!

Vorhang
Pause

Dritter Akt
«Der Waldgang»

«Der Waldgang folgt auf die Ächtung... Niemand weiß, ob er nicht schon morgen zu einer Gruppe gezählt wird, die außerhalb der Gesetze steht... Waldgänger ist also jener, der ein ursprüngliches Verhältnis zur Freiheit besitzt, das sich, zeitlich gesehen, darin äußert, daß er dem Automatismus sich zu widersetzen... gedenkt... Wenn wir ihn so betrachten, wird uns aufgehen, welche Rolle der Waldgang nicht nur in den Gedanken, sondern auch in der Wirklichkeit unserer Jahre spielt... Betrachten wir etwa die Freiheiten und Rechte des Einzelnen in ihrem Verhältnis zur Autorität. Sie werden durch die Verfassung bestimmt... Die Rechtsverletzung kann auch legalen Anstrich tragen... Die Mehrheit kann zugleich recht haben und Unrecht tun: der Widerspruch geht in einfache Köpfe nicht hinein. Die Übergriffe können sich allmählich verschärfen und gegen bestimmte Gruppen als reine Untat auftreten.»

Ernst Jünger: ‹Der Waldgang›, 1951

«Bei den Bauern auf dem Land», meldet das ‹Straubinger Tageblatt›, «rumort es», der ‹Fränkische Tag› in Bamberg verzeichnet gar «Barrikadenstimmung».

Seit dem 1. April garantiert die Europäische Gemeinschaft nach den Brüsseler Agrarbeschlüssen den Preis nur noch für eine begrenzte Milchmenge... Nach der schöpferisch «Garantiemengenregelung» genannten Kontigentierung müssen die deutschen Bauern in diesem Jahr 1,9 Millionen Tonnen

Milch weniger produzieren, im Bundesdurchschnitt rund sieben, in Bayern zehn Prozent pro Betrieb. Die 160 000 bayrischen Milcherzeuger erleiden einen Einkommensverlust von 700 Millionen Mark. 40 000 Höfe, errechnete die weißblaue SPD, werden «an den Rand des Ruins gedrängt».

Peter Seewald: ‹Weder christlich noch sozial – brutal›;
Der Spiegel, 1. Oktober 1984

Hohes Gewächshausdach, Aluminium und Glas, über mehr als 4000 Quadratmeter Anbaufläche. Tomatenzucht. Modernster Aufwand, computergesteuerte Bewässerung usw. Die Kälte der Technik kontrastiert mit dem Blattgrün und Rot der Stauden. Die Reihen der Tomaten laufen parallel zur Rampe. Zwischen den Pflanzen und der Rampe der breite Hauptgang, auf dem auch ein Elektrokarren, der die Kisten mit Früchten transportiert, fahren kann. Heller Vormittag.

Großes Geschrei auf serbokroatisch zwischen dem Ehepaar Sonja und Jovan, die so weit wie möglich voneinander stehen: Sonja ganz links in diesem Gang – ihr Mann ganz rechts. Sonja mit einer kurzstieligen Hacke, weil sie damit die Erde – in Tischhöhe – zwischen den Tomaten auflockert, Hände erdeschwarz. Ihr Mann arbeitet nicht, sondern hat dem Parkett das Gesicht zugewendet, während sie – Rükken zum Parkett, ihn sehr laut heruntermacht, schreiend, sehr schnell sprechend; hier auch in deutscher Übersetzung, damit die Schauspieler verstehen, was sie in den ersten Sätzen herausschreien.

SONJA: Lažeš kako Ti treba. Tvoj otac uopšte nije tako bolestan. I Ti nećeš da ideš kući pre nego sto moja sestra dodje: mi smo sakrili Tvoj pasoš.
(Du lügst wie du's brauchst: so krank ist dein Vater nicht,
du wirst nicht heimfahren, bevor meine Schwester hier ist:
ich habe deinen Paß versteckt!)

JOVAN, *lacht böse*:
Da se ne stidiš od Tvojih roditelja, od Tvoje sestre:
kazaću im ja da si izgubila pamet... To mi je hvala što
sam dozvolio to sranje sa trudnoćom...
(Daß du dich nicht schämst vor deinen Eltern,
deiner Schwester: ich erzähle denen,
warum du den Verstand verloren hast... dein Dank,

daß ich diese Schwangerschaftsscheiße erlaubt habe...)

SONJA, *lacht souverän*:
A šta si Ti pa imao da dozvoliš? Ti?
(«Erlauben» – du! Was hast denn du zu erlauben?)
Nun haben beide entdeckt, daß Uhlig im Begriff war, ins Gewächshaus zu kommen, sich aber wegen ihres Geschreis an der Tür zurückgehalten hat.

JOVAN, *ohne verlegen zu sein: Offensichtlich nicht der erste Ehekrach, den sie hier unter Zeugen ebenso veranstalten wie sie solche Kräche auch zwischen den Uhligs miterleben. Er erläutert jetzt auf deutsch:*
Bitte – können hören, Cheef: meine Frau ist...
er macht den Vogel vor seiner Stirn –
– hat verstecken meine Paß, daß ich nicht kann schlafwagenfahren,
erst Donnerstag, wenn hier ankommt Sonjas Schwester.
Er lacht so kurz wie böse und geht weg, bevor noch

UHLIG *sagen kann*: Verfällt nun seine Bettkarte, Sonja?
Wenn aber doch sein Vater wirklich so krank ist...

SONJA, *heftig, sarkastisch*:
Seine Vater hält sich so lange wie alles,
was ist konserviert in Alkohol!
sie macht eine Trinkbewegung –
...so gesund Jovans Vater wie ich und Sie;
Jovan sagt, ist beleidigt,
daß dies ist nicht sein Kind, er ist...

UHLIG, *bestürzt*: Ich dachte, das sei
zwischen Ihnen geklärt, er meinte doch –

SONJA, *gelassen*:
So ist es, Cheef. Meine Bauch ist ihm gut für sich ausreden.
Fremder Buckel drückt nicht, ihm drückt meine Bauch nicht
...Er will zu meine Schwester!
Er hat meine Bauch für sich ausreden, erst dazu
nicht mit mir schlafen, aber Professor Reinbek sagt,
Jovan kann so oft er will – will aber nicht,

will meine Schwester. Und denkt, ich lasse ihm.
UHLIG, *noch immer bedrückt*:
Schrecklich wäre das, Sonja, wenn wegen unseres Kindes
Ihre Ehe kaputtginge...
SONJA, *überzeugt und überzeugend*:
Nie. Nie ganz geht kaputt, nie ganz gut gewesen.
Wir sind... Cheef wissen auch Sie:
schon sehr lange geheiratet.
Aus Rosen werden Hagebutten, aus Männern Schnarcher.
Denken Sie nicht, bitte auch Frau... Lisbeth:
nicht darf denken,
hat zu tun mit Schwangerei. Die Zeit... die lange:
wie größer die Kinder – wie kleiner die Liebe.
Bei alle Leute gleich, Unterschied nur:
wie sie das heimlichen oder zugeben.
UHLIG:
Ich rede auf dem Feld mit ihm, denn ein Streit zwischen euch...
JOVAN *schreit von draußen in Uhligs Worte hinein*:
Ili pasoš ovamo ili se nikada više necémo videti.
(Paß her, oder du siehst mich nicht wieder.)
SONJA, *nach kurzem Auflachen*:
Putuj ti bez pasoša, ako mozeš!
SONJA, *übersetzt für Uhlig; wieder dieses Auflachen, um nicht loszuheulen*:
Droht, kommt nicht zurück, wenn er nicht kriegt Paß.
Kann gar nicht fort ohne Paß!
Ein Schreier ist kein Schleicher –
schleicht mich und Kinder nie weg für lange...
Würde es geben eine TÜV für Männer...
Jovan käme nicht durch.
UHLIG: So denkt ihr über uns alle.
Ihr Mann leidet sehr an der Fremde: zu Hause
würde er Politik machen, hier hat er nur Arbeit und Familie.
Mir würde das gefallen; könnte ich leben
von Viehzucht – nie ginge ich nach Brüssel

zur verdammten EG.
Aber Ihr Mann will mitreden
und darf das nicht in Deutschland.

SONJA, *verächtlich, aber nicht gegen ihren Mann, sondern gegen ihr Land*:
Was in Beograd noch reden, seit ist
Tito – tot? Die jetzt regieren,
gar nicht mehr haben ein Gesicht,
verwechselig wie Klodeckel!

UHLIG: Aber das trifft auf viele Länder zu:
nehmen Sie Bonn oder Bern oder Wien
– die höchstens fünfe da, die in jeder Tagesschau allein reden,
kennt man ja einige Jahre, die anderen Minister aber
sind austauschbar wie Cola-Flaschen.

SONJA: Vielleicht besser: Tito war Gott-gleich.
Alle diese Redereien, während beide fleißig an den Tomaten arbeiten, geile Triebe entfernen.

UHLIG: Ich wollte sagen: Ihr Mann hat es schwer hier.

SONJA: Ja, zu Hause Jovan würde abgehen in Stadt,
hier wo wir nicht einmal dürfen wählen,
was soll er in Düsseldorf!
Er stänkert sich bei mir leer und bei Kindern.

UHLIG: Also wie die meisten Männer.

SONJA: Das ist eigentlich für Frauen Arbeit... ich machen
in Treibhaus alles ohne Lust.

UHLIG: Ich lache, weil Sie sagen: Frauenarbeit,
die Sie lustlos machen; wieso Sie – keine Frau?

SONJA:
Weil man nicht... sich in Glas... unter Glas leer arbeitet:
nicht einmal bücken,
nichts heben, keine frische Luft,
in Kunstluft: ist gar nicht Arbeit.
Uhlig gibt ihr ein blaues Netz, das er mitgebracht hat und das fünf Kilo Zwiebeln enthält.

UHLIG: Fünf Kilo, dazu dieses hübsche Netz,

in Düsseldorf gekauft – raten Sie:
fünf Kilo... was haben die gekostet?
SONJA: Noch nie Zwiebels gekauft... wie soll ich wissen?
UHLIG: Fünf Kilo zwei Mark in Deutschland...
aber ein Kilo zwei Franken in der Schweiz:
in Zürich ist ein Kilo teurer als hier fünf Kilo sind!
Keiner wird leugnen,
daß die Schweizer die schlauesten Geschäftsleute sind,
die einzigen in Europa, die keine Arbeitslosen haben
und jeden vierten Berufstätigen
aus anderen Ländern holen und prima ernähren!
Und das ohne Autoindustrie, ohne Bodenschätze!
Allerdings ist jedes Eckhaus eine Bank.
SONJA: Wozu dann Bodenschätze?
Sie lacht. Und hat eine der Zwiebeln aus dem Netz genommen und «abgedrückt», schält sie jetzt, ißt davon, kaut:
Fest, gutt – gutte Qualität.
Wir haben ganze Garten voll Zwiebels:
warum Sie gekauft?
UHLIG, *während er das Säckchen wieder zubindet und wegstellt*:
Für Dienstag, da muß ich reden in Brüssel
– und stelle dies Säckchen Zwiebeln
aufs Pult: weil nichts anderes
die Absurdität unserer Arbeit dort
so ins Auge springen läßt
wie dieser Zwiebelpreis-Vergleich.
Daß sogar die Schweizer nicht fertigbringen,
Zwiebeln, nur ein Kilo, unter zwei-dreißig zu verkaufen:
Das wollte ich Ihnen, Sonja, und Ihrem Mann
einmal demonstrieren; damit ihr beide aufhört
zu träumen, ihr könntet von eurem Hof leben!
SONJA: Die Herzegowina ist nicht der Westen: meine Mann
vielleicht auch Kindern noch,

werden nicht reich, aber leben, ganz gut leben
auf unser Hof; auch Wald. Jovan hat auch Wald.

UHLIG: Was kriegt ihr in Mostar auf dem Markt
fürs Kilo Zwiebeln?

SONJA: Zwiebels nicht auf dem Markt, jeder selber
oder Nachbar hat in Garten Zwiebels.
Gibt keine Preis...

UHLIG: Sonja, ich will doch meine Frau – und erst mit Kind
bei mir haben: und ich werde ja versetzt
vielleicht nach Spanien,
werde nicht immer in Brüssel sein,
also nicht immer freitags heimfahren können...
und Sie hängen ja auch hier fest,
immerhin ist es eine deutsche Schule,
die Ihre Kinder besuchen...
Hier müssen Sie Geld verdienen,
bis eure Kinder ausgebildet sind... früher
werden Sie kaum heimkehren können:
Ihre Eltern verzehren ja auch allein,
was die da erwirtschaften...

SONJA, *versteht das Wort nicht*:
Verzehren ? – was ist: verzehren?

UHLIG, *Geste des Essens; er spricht nun langsamer, mit Gesten*:
Was Ihr Hof abwirft, ernährt
nur Ihre Eltern, nicht auch noch Sie vier!
Dieses Treibhaus aber bringt prima Subventionen.
Diese doofen, geschmacklosen Wassertomaten
werden vernichtet, sobald der Staat
sie mehr als anständig bezahlt hat.
Und wenn Sie die deutsche Staatsbürgerschaft haben,
kann ich Ihnen auch den Boden überschreiben
– das Gewächshaus überschreibe ich Ihnen
aber schon nächste Woche,
da sparen wir Steuern, beide. Wir melden nur Ihren Mann

– nicht auch Sie als Gehaltsempfänger an, Sonja!
Angeblich zahle ich Lohn künftig
nur noch Ihrem Mann.
Sie, angeblich, verdienen bargeldlos das Treibhaus ab!
Niemand erfährt, daß ich Ihnen aus Brüssel
auch meine Aufwandsentschädigung...

SONJA, *hebt die Hand, weiß nicht, wovon Uhlig spricht*:
«Aufwand beschädigung»?

UHLIG, *lacht*:
Ent-Schädigung, nicht: Be-Schädigung: ich kriege
– wie soll ich das sagen: für den Schaden, den ich anrichte
als Obstvernichter... Spesen.
Steuerfrei: der diplomatische Status.
Die überweise ich Ihnen aus Belgien
gleich nach Zürich,
damit daheim auch Ihre Jugoslawen das nicht merken.
Mir bringt das den Vorteil zu sagen,
ich hätte Ihnen dies Gewächshaus auf Monatsraten verkauft,
Sie haben den Vorteil, daß ihre Dollars
für die Schwangerschaft,
von keiner Steuer bemerkt,
direkt aus Brüssel auf Ihr Konto in Zürich gehen.

SONJA: Aber für viel weniger Geld, Cheef,
hätten Sie mir oder meine Mann
auch kaufen können... da oben den Hof von Brillinger.

UHLIG, *ungeduldig*:
Wozu? Natürlich kann ich den ersteigern und euch,
sobald ihr Land besitzen dürft, überschreiben.

SONJA: «Ersteigern»?

UHLIG: Auktion – ganz billig verkauft. Aber wozu?
Daß Sie und Jovan auch davon runter müssen
in zehn oder zwanzig Jahren wie jetzt der arme Paul?
Familie Brillinger war zweihundert Jahre drauf:
nun sind die fertig:
Sonja, allein in Bayern

haben in acht Jahren sechzigtausend Bauern
ihre Höfe verloren, sechzigtausend! In acht Jahren.
Diese schon unglaubhaft genug klingenden Angaben sind älteren Datums, um nicht allzu unglaubhaft zu wirken. In Wahrheit steht es viel schlimmer um die Existenz einst frei gewesener Bauern im heutigen Europa. «Der Spiegel» druckte am 1. 10. 1984 bereits ein Protestplakat ab: «Bayerns Bauern informieren. Jährlich 20000 Bauernhöfe weniger! Noch mehr Arbeitslose?»
Und das geht immer weiter, weil unsere Regierung
die Großen fördert, indem sie die Kleinen ruiniert:
deshalb haben ja die Bauern auch immer
die gewählt, die sie jetzt vernichten.
– auch der blöde Brillinger!
Die ihnen zwar genau wie den Großen
sieben Pfennige Zuschuß zum Liter Milch zahlten,
aber mit der Bestimmung, nie mehr Milch zu produzieren.
Hatte einer vor zwanzig Jahren Milch von zwölf Kühen,
mußte er bei nur zwölfen bleiben,
das heißt, verrecken an zwölfen;
während der, der zweihundert Kühe hatte wie ich,
auch die sieben Pfennige pro Liter für die Milch einsackt,
aber, von zweihundert Stück Rindvieh:
da lohnt's!
Bauen Sie, rate ich, mit dem Züricher Schwarzgeld
an eurer Adria-Küste ein Ferienhaus,
da haben Sie Miete:
Kühe nicht, aber Touristen, die können Sie melken,
bis das Euter abreißt...

LISBETH, *ruft, tritt auch kurz auf*:
Telefon, der Günter, ganz außer sich,
er kommt gleich,
er will uns alle sprechen... auch deinen Mann!
Das hat sie zu Sonja gesagt, antworten kann die nicht, denn schnell sagt Lisbeth vorwurfsvoll:

Wieso seid ihr noch nicht draußen?
Heute, da's endlich mal trocken ist...
Unter Glas könnt ihr doch auch bei Regen –
UHLIG, *sehr gereizt:*
Du kriegst dein Krummet schon ins Trockene, Chefin
... sei ja nicht so chefig. Jovan ist schon draußen.
Wir sind noch hier, weil heute der Brillinger anfängt
– wo bleibt der!
Lisbeth geht ab.
Uhlig, nicht mehr gereizt:
Am dreißigsten muß er runter vom Hof,
den seine Familie sieben Generationen hatte.
SONJA, *stirnrunzelnd wie immer, wenn sie ein Wort nicht versteht:*
«Generationen» –?
UHLIG: Großeltern, Eltern, Enkel – drei Generationen.
Und sieben: bis zu'n Ururur-Großeltern
saßen alle Brillinger da oben auf eigener Scholle:
nun muß der Paul für Fremde arbeiten...
obgleich ich eigentlich
ihn gar nicht brauchen kann. Laßt ihn das nicht merken!
Er ist ja jünger als Ihr Mann... bitte, sagen Sie nicht
Paul zu ihm, er sagt zu Ihnen Frau Petrović,
Sie sagen zu ihm: Herr Brillinger...
nicht einfach Paul und du!
Seine Mutter und Schwester sind froh,
daß er sich nicht aufgehängt hat, bisher.
Der soll Beamter werden oder
Ministeriums-Chauffeur, da kriegt er Pension.
Jetzt ist er total abgehaust – keinen Handwagen
darf er mitnehmen, das heißt: der Versteigerung entziehen
– und das nach zweihundert Jahren Plackerei!
SONJA: Hat genommen zu ville Krediter, Hypotheker?
UHLIG: So ist es, weil die Regierung ihn irreführte.
Die Landwirtskammer hat ihm vor zwanzig Jahren,

als noch Highlife war unter Bauern, zugeredet,
Maschinen zu kaufen und umzusteigen auf Schweine.
Aber für solche Investitionen war der Hof zu klein;
wir Großen können unsere Höfe in Fabriken umwandeln,
die Kleinen sterben daran, daß wir Großen das können,
noch können – aber an wirklich Großen gemessen
ist unser Hof auch armselig und ernährt...
sicher das Kind nicht mehr, das Lisbeth unbedingt will.

SONJA *lächelt wie Mona Lisa – kein Mensch könnte ergründen, was sie denkt*:
Lisbeth... Sie immer sagen, Bauer, Lisbeth will Kind
... Sie jetzt bald nicht auch wollen das Kind?

UHLIG, *berührt sogar ihren Bauch, da sie neben ihm steht*:
Oh, ich danke Ihnen, daß Sie
Lisbeth das Kind austragen.
Und doch, sehen Sie mein Leben an
– Bauer wollte ich, Obstvernichter mußte ich werden!
So ist überhaupt, was das Leben betrifft,
bei mir doch zu viel Asche auf der Stimmung.

SONJA: «Asche auf der Stimmung»?

UHLIG: Ja, bin melancholisch: immer nur produzieren,
um zu vernichten?
Ungestraft macht das keiner zum Beruf,
und doch, wie viele Obstbauern mehr noch gingen kaputt,
vernichtete ich für die nicht pro Jahr
sechzehn Millionen Tonnen Kernobst!
Doch was für ein Mißbrauch der Schöpfung.
Ich schäme mich so sehr vor Gott, daß ich bete,
es möge keinen geben...

SONJA, *lacht kummervoll*:
Beten, wenn hoffen, gibt nicht – Gott?

UHLIG, *auflachend*:
Bete ja nicht! Denn täte ich's, wär's ja auch wieder –
Die für ihn so charakteristische Resignations-Handbewegung: die Linke vom Ohr herabfallen lassen bis ungefähr

zum Nabel: «Hört schon auf damit», will er dadurch sagen und meint, nicht immer, aber oft, nichts Geringeres als das Leben ...
– nur die letzte Konsequenz der Unlogik,
die mein Leben bestimmt, seit ich Vernichter
der Produktion wurde, die ich dauernd steigern muß,
damit immer auch genug da ist zum Vernichten,
denn dafür bezahlen wir schließlich eine Menge Leute:
wie dürfte ich so viele bezahlen,
produzierten die nicht genug von dem,
das ich vernichten soll!

SONJA, *ihr Mitgefühl treibt sie, ihm sogar die Hand aufs Handgelenk zu legen*:
Sie vernichten nicht ... Lebenwesen, nicht Tieren.
Nur Obst ... Obst nicht Wesen mit Säle ... oder?

UHLIG: Sicherlich ohne Seele, ja. Ja, so lebt jeder dank seiner
– Ausreden.

SONJA: «Ausreden»?

UHLIG: Selbst-Betrügerei: sagen, was man nicht meint,
bis man glaubt, man meinte, was man sagt.
Doch die Tiere kommen ja nun auch dran:
zunächst hierzulande die nur sechzehntausend Kälber,
weil man da die Ausrede hat, sie mit schädlichen Hormonen
gespritzt zu haben, in Wahrheit
soll der Markt entlastet werden durch ihre Vernichtung.
Uhlig, als lache er nur, um nicht schreien zu müssen. Was sich anhört wie die Philosophie des Absurden – die sie tatsächlich ist: die Philosophie des Absurden – ist ja zugleich Uhligs Tagespensum auf seinem Amt in Brüssel.

REINBEK *tritt auf, sehr rasch, in der linken Hand einen großen Schreibmaschinenkoffer. Hinter ihm Lisbeth; Reinbek weißbekittelt, weißbehost; auch das Hemd natürlich weiß*:
Tag, Tag – hab erst im Auto bemerkt, daß ich
vor Entsetzen vergessen habe, meine Arztkluft

in der Klinik zu lassen.
Wunderbar, wie das wächst!
Er hat Sonja lachend die Hand gegeben, dann Uhlig. Nicht ohne Stolz, angesteckt von Sonjas Stolz oder umgekehrt; auf Lisbeths Gesicht der Leidenszug, als denke sie – natürlich denkt sie genau das –, wäre doch das Kind in mir.

Frau Petrović, das wird ein großes Kind!
Ehe ich wegfahre, höre ich die Herztöne ab.
Lacht verunsichert
Ich komme, in Panik, ja!
Die Acht-Uhr-Nachrichten melden:
einstimmiger Beschluß meiner Vorgesetzten,
der Ärztekammer in diesem Bundesland,
alles zu verbieten, was wir fünf zugunsten
des sechsten ausgeheckt haben.
Bonn zieht nach: Leihmütter verboten, total,
Erschwernisse sogar für Samenspender!
Keiner, der vernünftig ist, wird mehr spenden.
Es ist soweit: der Einbruch des BKA –
für Sonja übersetzend –
– Bundeskriminalamtes – ins Vertrauensverhältnis
Patient – Arzt soll gesetzlich sanktioniert werden!
UHLIG, *gradezu belustigt erstaunt*:
Ärzte diskutieren ... Aufhebung der Schweigepflicht?
REINBEK: Ärzte nicht – eine Kommission!
UHLIG: Dann ist es Pflicht der Ärzte, die anzuzeigen,
die feine Kommission.
REINBEK, *lacht bitter*:
Ich? – der nur Oberarzt bin und niemals, nie mehr
Klinikchef werden könnte, zeigte ich
gegen diese Verordnung auch nur meinen Unwillen.
LISBETH *findet das erste Wort, weil das, was sie will, ihr wichtiger ist als alles*:

Wer sich's Intimleben vom Staat mitbestimmen läßt:
verdient keins!

SONJA, *Achselzucken*:
Ich Jugoslawin, was geht mir an deutschen Gesetz?
Wer kann mich zwingen, sagen, welche Arzt
mir gepflanzt – Kind von Frau Uhlig?
Wer mich beweisen: ist Kind nicht meins,
aber Frau Uhlig seins?
Sie sagt das so, daß jeder ihr glaubt, niemand könne sie zu irgendwas zwingen, niemand ihr irgend etwas beweisen.

REINBEK: Solange das legal war, hätten Sie natürlich
in der Klinik gebären sollen.
Aber da gibt's Denunzianten
so viele wie Betten.
Was sagen Sie, Frau Petrović? Was sagt Ihr Mann?

SONJA:
Mann... Männer: oder? Wenn nicht sind Arzt wie Sie,
können Männer – doch gar nicht sprechen dazu.
Meine Mann sagt, wie ich kann sagen, bin dafür?
Hat doch der Cheef, der Bauer,
Tausende Dollar diese ganze Gemüsehaus mir
... uns verschenkt. Müssen doch haben selber
... Verdacht, ich nur will... Geschäft machen.

LISBETH, *sehr unwillig*:
Doch nichts mehr davon: tausendmal bequatscht, Sonja!
Der Professor fragt, was dein Mann sagt, auch du sagst:
wenn ab heute gegen das Gesetz ist, was wir machen!

SONJA: Ich? – hab davon ich gewußt, oder meine Mann?
Legal – illegal.
Ich doch niiichts von allem gewußt, basta. Nix.
Nein, Herr Professor... Sie werden nicht meine Mann
und mir und Frau Uhlig und Bauer, Herr Dr. Uhlig,
und sich selber bringen in Gefängnis,
also mein Vertrauen!

Meine Urgroßmutter redete:
«Der Himmel ist hoch und der Zar wohnt weit»
– Gesetze sind für ... die, welche benötigen.
Souverän sagt sie:
Jede Frau muß dürfen kriegen Kind,
seit wenn Ärzte sie dazu können helfen.
Nur das – wird respektiert, ja.
Nicht was da sich hereinmischt der Kadi.
Meine Mann, weiß ich,
so auch will. Unser Krach – anderer Grund.
Ich mach das Essen, Sie bleiben, Herr Professor?
REINBEK: Nein, am hellen Vormittag!
Aber Lisbeth und Frau Petrović
und auch du, alter Junge –
er faßt Uhlig am Arm –
– im Haus, die Frau, die ich mitbrachte, ist Juristin.
Sie weiß natürlich noch nicht,
warum ich sie hergebeten habe.
Ich kenn sie schon seit der Uni,
die können wir fragen, was uns passieren kann.
LISBETH: Schlafende Hunde wecken?
SONJA: Ich ... nicht will hören:
Wer fürchtet – fragt: Wer nicht fragt, weiß gar nicht,
was er muß fürchten.
LISBETH: Eben! Komm, Sonja, wir schicken die Richterin
zu den Männern, die sind
vorschriftenfromm wie Polizeihunde.
Was ich nicht weiß – leck mich am Steiß!
Sie faßt Sonja um die Taille, und sie wollen gehen.
REINBEK: Halt, könnt ja gehen: aber seid ihr einverstanden,
erlaubt ihr uns, diese Juristin zu befragen?
LISBETH: Schon wieder zu viele Fragen: frag doch –
aber frag nicht uns, ob du fragen darfst!
UHLIG, *gereizt, er versteht den Freund*:
Begreif doch: Du und ich riskieren etwas für uns selber.

Er aber nur für Freunde: was hat er davon?
Und fliegt's auf, fliegt e r aus der Klinik,
nicht wir!

REINBEK:
Wahr, ja. Aber soll euch nicht unter Druck setzen.

SONJA: Schon e i n Mitweiß, wozu?
Einer ist viel, einer, der mitweiß.
Will nicht hören davon, aber einverstanden.
Ich fahre im Heu, Cheef.

REINBEK: Komme noch rüber, die Herztöne abzuhören.
Uhlig nickt ihr zu, die Frauen ab.
Ahnst du, was ich hier habe?

UHLIG: Wundere mich – eine Schreibmaschine?

REINBEK: Ich heize mit Gas – ihr noch mit Koks:
da könnt ihr was verbrennen.
Ich konnte es mitnehmen, weil die Sekretärinnen
in der Kantine frühstückten: unsere Samenspenderkartei.
Ich tat sie rasch in den leeren Schreibmaschinenkoffer.
Die will ich bei euch verheizen, die Karten;
seit ich im Radio hörte, daß die erwägen,
die Anonymität aufzuheben.

UHLIG: Kein Gesetz kann rückwirkend in Kraft treten –
unmöglich.

REINBEK:
Sagt man. Ich aber wandle vorsichtshalber Lenin ab:
Vertrauen ist gut, Kontrolle besser
– ich sage: auf Vertrauen nicht bauen,
denn Kontrolle kommt, wo sie möglich ist.
Unaufrichtig war seit jeher die gesetzliche Vorschrift,
überhaupt eine Samenspenderkartei anzulegen,
wozu, wenn nicht zum Wortbruch?

UHLIG: Du kennst dich aus – links, die Eisentür,
dann rechts, zweite Eisentür.

REINBEK, *schlägt diesen Weg ein, sagt aber*:
Übrigens weiß die Richterin nicht,

was ich in euren Heizungskeller trage...
Und sehe mir gleich Sonja mal an.

Uhlig macht sich an den Tomaten zu schaffen; man hört die Eisentür ins Schloß fallen.

Lisbeth wird sichtbar, dann eine Frau Ende Vierzig, die aussieht wie Mitte Fünfzig, eine schöne, Brille tragende, vielleicht ein wenig zu schlanke Intellektuelle, in einem weißen leichten Mantel, mit einem breiten blauen Haarband: Annelies Heinemann.

Ziemlich groß, hat sie etwas, das manchen Mann vermutlich einschüchtert bis abschreckt: berufsbedingte Bestimmtheit. Doch auf den zweiten Blick sieht man, daß ihre warmherzigen Augen ohne Strenge sind. Schwer vorstellbar, daß die Frau sie auf einen Angeklagten richtet, ohne daß sie immer das Credo beherzigt: Im Zweifel für den Angeklagten. Freilich sind da oft Fakten, die den Zweifel ausschließen. Wird die Treue gegenüber ihrem Eid, das Gesetz zu wahren, oder wird die Sympathie mit dem Menschen vor dem Richtertisch diese Frau leiten, wenn sie Urteile fällt? Immerhin, das letztere ist ihr zuzutrauen, und das ist schon viel...

LISBETH, *stellt ein Tablett hin, auf dem sie Käseglocke, Wurst, Schinken, Butter, Brot, eine Kaffeekanne und zwei Flaschen Bier gebracht hat*:
Darf ich Ihnen meinen Mann vorstellen, Frau Dr. Heinemann?

UHLIG, *dem sie die Hand gibt; hier sind keine Stühle, sie bleiben vor den Beeten stehen. Lisbeth macht belegte Brote, teilt Papierservietten aus, sie essen auch im Stehen*:
Tag, Herr Reinbek hat schon angedeutet, daß er Sie
mit unseren Entbindungsproblemen vertraut machen will.

HEINEMANN: Aber er hat mir im Auto noch nicht gesagt,
was das Verbot seiner Arbeit in der Klinik,
das heute früh durchs Radio bekannt wurde –
übrigens noch nicht endgültig, es folgt eine zweite

Lesung des Gesetzesentwurfs –,
was das zu tun hat mit Ihnen:
In-vitro-Fertilisation bei Verheirateten,
sagt Günter, sei weiterhin erlaubt. Wo ist er?

LISBETH, *unbestimmt*:
Untersucht meine Mitarbeiterin: unsere Ammenmutter.

HEINEMANN, *indem sie ihren Mantel auszieht, Uhlig hilft ihr*:
Ammenmutter! Sie haben eine Leihmutter, gratuliere!
– und bin ganz neugierig, ich habe noch nie
mit einer gesprochen. Wie fühlt sie sich?

LISBETH, *strahlt sie an, freut sich über die sehr positive Reaktion der Richterin; zeigt auf das Tablett:*
Fragen Sie selbst... Hungrig verhandelt man nicht!
Günter hört ihr die Herztöne ab, dann fährt sie
aufs Feld, obgleich schon hochschwanger.

HEINEMANN: Sie ist Ihre Magd?

LISBETH: Nein, sie ist Verwalterin, verheiratet,
hat zwei Kinder – fabelhafte Frau.

HEINEMANN, *ganz erheitert:*
Und tut so, als wär's ihr Kind,
das sie austrägt. Und geht es ihr gut?

LISBETH: Ich bin da ja leider Laie – lebenslänglich. Als Laie
denke ich, sie arbeitet viel zuviel!

HEINEMANN, *belustigt*: Dann muß Günter ihr das verbieten.

LISBETH, *ebenso*: Das ist keine Frau,
der jemand verbieten könnte, was ihr Spaß macht.
Wird das nun riskant, was Günter für uns tut?

HEINEMANN: Für ihn: ja! Sehr gefährlich.
Bonn wird sogar die Schweiz überholen,
den schwärzesten Kanton St. Gallen und den grünsten,
Basel, wo offenbar Feministinnen regieren.

UHLIG: Je schwärzer, je grüner auch:
das Kartell der Anti-Liberalen.
Er lacht – und wieder seine bedrückt-resignierende Handbewegung.

HEINEMANN: Und in der BRD diskutieren sie
sogar Haftstrafen gegen Leihmutter-Vermittler
oder Leihmütter!

LISBETH: Immerhin, beruhigen Sie uns: Reinbek hat doch
noch nichts riskiert, das ihn vor den Kadi bringt?

HEINEMANN, *erstaunt*:
Doch! Hat er! Ihnen aber, wie ich höre,
wohltätig verschwiegen?

LISBETH: Ich denke, ich dachte: nur Empfehlungen,
keine Verbote dürfe die Ärztekammer aussprechen?

HEINEMANN: Richtlinien, ja. Aber gegen die zu verstoßen,
wie Reinbeks Embryo-Transfer in eine Leihmutter das tut,
kann ihn durchaus die Approbation kosten.

REINBEK *ruft aus einiger Entfernung, in der er immerhin ihre letzten Worte gehört hat*:
Approbation, die du mir dann in einem Gerichtsverfahren
wieder zuerkennen mußt, Frau Verwaltungsgerichtsdirektorin!

UHLIG, *dreht sich ihm zu*: Hast dich schon informiert?

LISBETH: Zufrieden mit Sonja?

REINBEK: Musterhaft, aber die will dauernd arbeiten:
und Bewegung ist nützlich, schwer heben tut sie nichts.
Ironisch: Werden Sie mir die Approbation zurückgeben,
Frau Vorsitzende?

HEINEMANN, *sehr ernst*: Ich habe das noch nie erlebt,
einen Prozeß: Arzt gegen sogenannte
«ärztliche Standesherren», die mitrichten!

REINBEK: Kollegen sind als unsre Richter
immer die allerschlimmsten! Kommt Neid dazu.

LISBETH, *zu Reinbek, der ohne den Schreibmaschinenkoffer zurückgekommen ist*:
Warum willst du's zum Prozeß kommen lassen?

REINBEK: Ich will durchaus keinen ...
aber habe euch versprochen, daß ihr dank Leihmutter –
ohne die geht es nie – zu eurem Kind kommt.

UHLIG: Die neue Situation zwingt uns,

Frau Heinemann zu fragen:
kriegt Lisbeth ein Kind via Sonja
hierzulande oder im Ausland?

LISBETH: ... es ist nicht einfach, den Hof zu versorgen,
wenn mein Mann in Brüssel ist,
Sonja und ich vielleicht auch dorthin oder
nach Jugoslawien ausweichen müssen.
Sonjas Mann allein schafft das nie.
Wir machen's also lieber hier.
Man hört, wie auf dem Hof eine Autotür zuschlägt und ein kleiner Wagen davonfährt.

HEINEMANN, *nervös geworden, schon lange raucht sie, ist aufgestanden, zu Reinbek*:
Du riskierst, wenn du ehrlich bist
– so ist das meist – sehr viel,
und riskierst gar nichts, wenn du lügst.

LISBETH: Entbindung zu Haus machen wir nicht.
Keine zusätzlichen Risiken für Sonja! Und das Kind.

REINBEK, *ißt jetzt auch und trinkt Bier aus der Flasche, zur Richterin*:
Natürlich tun wir, was du empfiehlst. Aber so blauäugig
das klingt: ich sage lieber die Wahrheit.
Und lüge schon ganz ungern, wenn ich im Recht bin.
Und noch weniger gern, wenn man dieses Recht
auch zugunsten der Wissenschaft und anderer Leute
gegen den Staat durchsetzen müßte.

HEINEMANN: Du hast eine Pionierleistung vollbracht:
als erster Embryonen eines Ehepaars der Leihmutter ...

REINBEK: Vorbei, muß dich unterbrechen, in Cleveland,
USA, ist mir – weiß ich seit Mittwoch –
einer zuvorgekommen:
ein gesundes Mädchen wurde geboren,
aus einer Leihmutter, das nicht mit ihr,
sondern mit der Ehefrau genetisch verwandt ist.
Wir werden nur noch die ersten in Europa sein.

HEINEMANN: Wenn dir doch ein anderer zuvorkam,
dann bestehe bitte nicht auf der Wahrheit, sondern geh
in den Untergrund. Denn hierzulande
kann kein Gericht dem Jugendamt verwehren,
sich das Kind zu nehmen, da hier allein dem Staat
das Recht zusteht, Adoptionsverträge zu schließen.

LISBETH, *sehr laut und empört*:
«Adoption»? Ich brauche doch nicht
mein eigenes Kind zu adoptieren!

HEINEMANN:
Doch. Müßten Sie! Das Jugendamt wird sagen,
das Kind sei verwandt nur mit der Leihmutter.

REINBEK: Obwohl mit der genetisch nicht verwandt?

HEINEMANN: Ja. Das Jugendamt wird argumentieren,
das Kind gehöre dem Amt, nicht seinen natürlichen Eltern!

LISBETH, *fassungslos, aber entschlossen*:
Dann müssen wir in den Untergrund!
Uhlig und Reinbek greifen auch wieder nach einem der Brote, die Lisbeth belegt hat.

HEINEMANN: Das wird ein mörderischer Kreidekreis.
Bei dem nicht, wie in der Bibel, an jeder Hand des Kindes
eine Frau zerrt, die es als ihres an sich reißen will
– sondern zwei Frauen, Sie und die Leihmutter,
halten das Kind an der einen Hand
– Jugendamt, Gesetzgeber, Ärztekammer, Sozial-Ethiker
zerren an der anderen.

LISBETH: Sind Gesetze das Gegenteil von Recht?

REINBEK, *ganz rasch; er hat natürlich sehr lange schon diese Gefahr gesehen und sich daher eine Strategie ausgedacht; nun sagt er so einfach, wie es in Wahrheit kompliziert ist, was er vorschlägt*:
Dann kommt das Kind nicht in der BRD zur Welt,
sondern bei – ihm!
Brüssel ist auch ein reputierlicher Geburtsort.
Er zeigt auf Uhlig.

Hier weiß ja niemand euren Namen
als meine treue Seele Weigander,
die euren Samenbecher entgegennahm.
Er berührt Lisbeth am Arm.
Und Sonja kommt in Brüssel unter deinem Namen
in die Klinik:
wird entbunden unter deinem Namen.
Der Papierkrieg läßt sich schon regeln.

UHLIG, *keineswegs erleichtert, sehr ernst*:
Also – Kindesunterschiebung?

HEINEMANN:
So ist es, aber die Richterin hat es nicht gehört.

REINBEK: Ich halte es nicht länger aus, die Einmischung
der Behörde zu akzeptieren wie ein Gottesurteil,
das jeden freien Willen
der Eltern wie der Leihmutter
ebenso wegpeitscht wie die Menschlichkeit.

UHLIG, *resigniert*: Es gibt eine Schrift «Über die Grenzen
der Wirksamkeit des Staates»: ich kenne aber,
wie von vielen interessanten Büchern, nur den Titel.

HEINEMANN, *nickt*: Von Humboldt, um 1820.
Politisch sind wir heute – privat waren wir damals freier!
«Der Waldgang» muß Lehrbuch werden.

REINBEK, *verwirrt*: «Waldgang»?

HEINEMANN: «Waldgang» heißt Jüngers Verhaltenslehre,
wie sich das Individuum in scheinbar
bürgerlich geregelten Zeiten Gesetzgebern entzieht,
die es unterm Beifall der Mehrheit entrechten.

UHLIG: Gehört «Der Waldgang» zu juristischen Texten?

HEINEMANN: Im Gegenteil, er lehrt, dem Naturrecht
zu folgen. Wären die 68er Oppositionellen
nicht so ungebildet gewesen,
sie hätten neben Che Guevara den Jünger
auf ihren Transparenten vorangetragen.

UHLIG: Und woher kennen Sie diese Schrift?

HEINEMANN: Oh, Sie finden keine zehn Juristen,
von denen nicht sieben versichern, sie wären lieber
etwas Gescheites geworden. Viele schreiben.
REINBEK: Bringt dein «Waldgang» auch Beispiele,
daß der Staat soweit geht, Leben zu verhindern,
indem er es – wie unsere heute
– für illegal erklärt?
Gesetzlicher Präventivschlag!
Unter dem Vorwand, Gen-Manipulationen zu verhindern
– es fehlt jeder Beweis, daß hierzulande ein Arzt
Gene manipuliert –,
wird jetzt Eltern sogar verboten,
was seit einem Jahrhundert
praktiziert wird: anonyme Samenspender zu bemühen.
HEINEMANN: Du mußt ihn lesen, den «Waldgang».
Aber Hand aufs Herz:
was macht ihr mit den überzähligen Eiern?
REINBEKS *Reaktion ist sehr auffällig. Er schweigt, als habe er nicht verstanden, dann fragt er tonlos, leise*:
Was fragst du...?
Wir sprachen doch im Auto hierher
...von nichts – fast von nichts anderem!
Trotzdem fragst du jetzt? Traust mir zu...
HEINEMANN, *bekümmert über die Reaktion*: Nein!
REINBEK: Ja doch, ja doch: wir vertrauen dir,
aber du nicht mir? Ich sagte –
jetzt fängt er an zu schreien; der bisher durchaus uncholerisch wirkte, schreit gekränkt
– daß wir nie ein einziges Ei mehr besamten,
als wir der Frau hineintun. Ich sagte das –
leise – dreimal: hat's deshalb so unglaubhaft gewirkt?
Erklärt jetzt überstürzt:
Ich schwöre: noch nie habe ich auch nur ein Ei mehr besamt,
als ich dann zurückgetan habe in die Frau!
Und so wurden denn zweimal auch Zwillinge geboren

und einmal Vierlinge – zu meinem Entsetzen,
aber zum grotesken Stolz der Eltern.
Nicht einmal tiefkühlen tun wir
Embryonen, im Gegensatz zu anderen Kliniken.
Und doch hält Frau Heinemann mich für fähig,
Sie anzulügen und – ja doch, ja doch!

HEINEMANN, *verlegen, weil ihr Mißtrauen ihn so sehr verletzt hat*:
Nein, nein! – Entschuldige, trotzdem: Frage,
was wird mit den abgesaugten Eiern,
die du nicht inseminierst?

REINBEK, *achselzuckend*: Weggetan wie alles Organische,
das nicht lebt, wo es nicht im Körper lebt.
Eier ohne Samen sind ja so wenig Lebewesen
wie Nägel ohne Finger; sind also im Ausguß.
Oder Papierkorb.

LISBETH: Hat dich nie eine Patientin gebeten,
ihr künstlich befruchtete Eier einer anderen Frau
einzusetzen?

REINBEK: Doch, zwei Patientinnen – die eine mit,
die andere ohne Mann. Aber in beiden Fällen
sind meine Fragen an Paare, ob sie erlauben,
überzählige Embryonen weiterzugeben,
abgewiesen worden.

UHLIG: Und warum dann die immer hysterischen Artikel
gegen Medizinerwillkür und Gen-Manipulation?

REINBEK, *ernst*: Weil durchaus Gefahr besteht,
daß Mediziner oder besonders Biologen
das tun ... eines Tages;
nur ist das nicht unser Thema.

UHLIG: Schon das Wort: Retortenbaby, wie demagogisch –
als wachse es nicht in einem Leib auf!

REINBEK, *bedrückt*: Vierundzwanzig Stunden ist es
in einem Glas, höchstens achtundvierzig:
doch die Psychiater behaupten

zu wissen – woher? –, das sei schädlich!
LISBETH: Ich hab so lange Psychologie studiert,
bis ich merkte – und dann türmte –,
Psychologe wird, wer in die Angst
einer Mutter um die Tochter
nichts anderes hineinlesen kann
als den Wunsch, die Tochter möge umkommen!
HEINEMANN: Mein Mann ist Psychiater...
LISBETH, *haut sich auf den Mund, muß aber auch lachen wie die drei anderen*:
Entschuldigen Sie! – und nicht geschieden:
ich dachte, das gäb's gar nicht, einen Nichtgeschiedenen,
der Psychiater ist!
HEINEMANN, *lacht*:
Ihre Statistik stimmt: er war schon früher verheiratet.
LISBETH: Und ich sage Ihnen, so taktlos –
muß Ihren Mann wirklich konsultieren
wegen pathologischer Taktlosigkeit.
UHLIG: Deine ist nicht heilbar.
HEINEMANN:
Wieso, sie hat recht. Psychologen verdächtigen jedermann
des Allerschlimmsten, sind aber selbst immun gegen die Frage,
warum sie es sind, die jeden so ansehen!
Sie steht auf, drückt eilig ihre Zigarette aus, fragt Lisbeth:
War das hausgeschlachtete Wurst, diese rote:
kann man die kaufen?
LISBETH: Sie nicht – Sie müssen eine geschenkt nehmen.
Am Freitag schlachten wir, Günter bringt Ihnen eine.
So billig war noch nie ein juristisches Gutachten!
HEINEMANN: Weil es eines gegen die Justiz war,
zugunsten des Rechts... und weil ich...
Günter hat Ihnen das nicht anvertraut?
LISBETH: Anvertraut? Was denn?
REINBEK, *lacht, schimpft*:
Schon wieder eine wahnwitzige Unterstellung!

Nie von ärztlicher Schweigepflicht gehört?

HEINEMANN *zu den Uhligs*:
Also, dann sollen Sie's von mir hören.
Ich bin zu alt,
um noch ein Kind zu kriegen.
Günter hat versucht, mir zu helfen.

REINBEK: Wir versuchen weiter...

HEINEMANN:
Und ich bereue zehnmal am Tage, hundertmal nachts,
nicht Mutter zu sein: die Quittung,
weil ich zweimal abgetrieben habe.
Erst, weil ich Karriere machen wollte,
ich könnte mich anspucken deshalb;
beim zweitenmal, weil ich nicht wußte,
ob der Mann, von dem ich schwanger war,
sich scheiden lassen würde...
Seit drei Jahren sind wir verheiratet,
aber nun – oh, ich könnte heulen,
wie idiotisch ich meinen ganzen Verstand
investiert habe, kein Kind zu kriegen!
Und da Günter meine Leidensgeschichte kennt
– nein, so darf ich's nicht sagen, weil ich sie
so vorsätzlich selber verschuldet habe –,
brachte er mich zu Ihnen. Frau Uhlig:
nichts, hören Sie – nichts
darf Sie abschrecken, jeden Weg zu gehen,
Mutter zu werden, wenn Sie's wollen.
Der Staat, Gesetze: wo es ernst wird,
streift man die ab.

LISBETH, *lapidar*: So sagt's auch Sonja,
wer den Weg allein kennt, reist nicht in der Karawane.

HEINEMANN *geht, und Günter, nach einem Wink zu den Uhligs hin, geht mit ihr hinaus; als die Uhligs sich ihnen anschließen wollen, sagt die Richterin*:
Ihre Richtung stimmt, egal was Richter sagen.

Ich werde bis zum Tode bereuen: nicht gewagt zu haben, beizeiten Mutter zu werden. Ich beneide Sie, Frau Uhlig! Bleiben Sie, bitte, wir finden vom Hof!

Lisbeth bleibt, macht Sonjas Arbeit weiter, Uhlig begleitet die Abgehenden bis zur Tür des Gewächshauses.

UHLIG, *nachdem Lisbeth eine Minute allein war, sagt beim Zurückkommen*:

Die gehen weg wie ein Paar.

LISBETH, *lustig*: Beweis, daß sie keines sind.

Man hört Reinbeks Autotüren, dann den Wagen abfahren.

UHLIG:

Kuppelt aber sehr: gemeinsame Interessen oder gleicher Beruf. Ehepartner haben dagegen geringe Chancen.

LISBETH:

Müßt ihr ja wissen, du und deine Brüsseler Sekretärin.

UHLIG: Du bist meine Mitarbeiterin, nicht die in Brüssel!

LISBETH: Oho, die in Brüssel auch!

UHLIG: Warum dann meine Anstrengung, Vater zu werden: Du wirst bei mir in Brüssel sein, sobald dein Kind da ist!

LISBETH, *empfindlich*: «Deins»? – ich dachte: unseres. Was ist, Sonja!

Wieder dieser Eindruck: Ihr erschrecket, wenn sie dasteht – Sonja wirkt ruhig, sagt nichts, lacht dann, aber künstlich. Sie hat einen Schlag abbekommen. Sie bleibt am Eingang zum Gewächshaus, ganz im Hintergrund, bis der Vorhang fällt. Sie ruft, in weniger gewandtem Deutsch als üblich

SONJA: Jovan mir durchgegangen – nach Mostar!

LISBETH: Ohne Paß – wie?

SONJA, *faßt sich an die Stirn*:

Mich Vogel gemacht – meine genommen, meine Paß.
Sagt, in Schlafwagen fast nicht kontrolliert – nur bei Schaffner liegen Paß von alle Leute, Abteiltür gar nicht aufge...
nicht nachge... kontrolliert.
Und wenn gemerkt, er will sagen, sich hat geirrt,

genommen Paß
von seine Frau. Sehr gutte Trick.

UHLIG, *geht zu ihr hin*:
Er hat Angst, seinen Vater nicht mehr zu sehen, Sonja.
Wirklich. Er kommt zurück!

SONJA, *auflachend*: Mit meine Schwester?

Sie verschwindet, die Uhligs sehen sich betreten an.

Vorhang

Letzter Akt
Der Ausschuß gegen den Einzelnen

«Ehret ihr immer das Ganze, ich kann nur Einzelne achten,
immer im Einzelnen nur hab ich das Ganze erblickt.»

Schiller

«...ob es nicht doch an der Zeit ist, darüber nachzudenken, ob es wirklich Sinn macht, Leihmütter zu kriminalisieren, Eltern, die sich dringend ein Kind wünschen und bereit sind, dafür sehr viel Geld auszugeben, ins Ausland zu treiben... Die Technik der künstlichen Befruchtung ist für sich genommen nicht unmoralisch. Ein Kind zu bekommen – unter welchen Umständen auch immer – kann gar nicht unmoralisch sein... Sollte es nicht möglich sein, auch die Leihmuttervermittlung so zu organisieren, daß sie weder zum lukrativen Geschäft noch zum Straftatbestand wird? ...Ehepaare werden subventioniert, damit sie es sich leisten können, wieder mehr Kinder zu bekommen. Sterile Elternpaare aber, die den Weg über eine Leihmutter suchen, bleiben ohne Hilfe, und die Leihmutter soll ins Gefängnis. Wo bleibt da die Logik?»

Dr. jur. Eva Marie von Münch, Die Zeit, 9. Oktober 1987

«Der Ausschuß gegen den Einzelnen» war am 7. Februar 1988 die Überschrift meiner Gerichtsreportage in der «Welt am Sonntag», als ich über die Verhandlung berichtete, die in der Münchener Prielmeierstraße ein sogeanntes «Berufsgericht für Heilkunde» gegen Professor Julius Hackethal geführt hat. Das Ergebnis: dem bayerischen Staat wurde die Empfehlung ausgesprochen, dem Angeschuldigten nach vierzigjähriger Tätigkeit als Mediziner aus so lächerlichen wie nichtigen «Gründen» Berufsverbot aufzuerlegen. Das Berufsgericht selbst darf das nicht; es kann aber das Gesundheitsministerium im zuständigen Bundesland ersuchen, einem Arzt die Approbation zu entziehen...

Finderglück eines Autors, wenn ihm während der Arbeit an einem Stück – ich war ja längst mit diesem Schauspiel beschäftigt, ehe ich von Hackethal erfuhr, daß dieses Verfahren gegen ihn stattfinden werde – der Alltag, die Außenwelt Materialien liefern, vor allem aber die Anschauung lebendiger Menschen, die direkt zu dem gehören, es bereichern, konkretisieren, überhaupt erst wahrscheinlich machen und in Erfahrung umsetzen, was zuvor im Kopf und Gemüt des Autors entstanden war durch Ereignisse, von denen er nur gehört und gelesen hatte oder auf die er angesprochen worden war. Wie hätte ich – nur ein Beispiel, doch ein hochgewichtiges – auf das ganz und gar Unwahrscheinliche, auch für Juristen Unwahrscheinliche kommen können, ohne es bei Hackethals Kampf vor Gericht erlebt zu haben: daß bereits die Zusammensetzung eines solchen Berufsgerichts in der BRD eine groteske Verhöhnung des Rechtsempfindens ist! Wer wüßte auch nur – hätte er es nicht gesehen –, daß der Kläger, im Prozeß Hackethal die Ärztekammer Rosenheim und die Regierung von Oberbayern, in deren Auftrag der Präsident der Bayerischen Ärztekammer das Verfahren angezettelt hatte, seit einem Jahrzehnt schon der Todfeind des Beklagten: daß die es auch sind, die nominieren, wer den von ihnen Angezeigten richtet! Ich muß das wiederholen, weil meine Leser das sonst so unwahrscheinlich finden werden, wie auch ich es erneut empfinde, während ich dieses schreibe: Der Kläger – bestimmt den Richter! Ja – so und nicht anders geht es zu vor bundesdeutschen «Standesgerichten». Die Funktionäre unter den Ärzten, entstellt von Eitelkeit, sprechen ja noch immer vom medizinischen «Stand»; Beruf zu sagen, wäre ihnen zu gewöhnlich. Berufe haben auch andere Leute. Ärzte aber gehören zu einem und sind von Stand... Die medizinischen Standesherren also, die einen aus ihren Reihen als Arzt liquidieren wollen, bestimmen zugleich auch aus ihren Reihen diejenigen, die das tun dürfen. Und die deutsche sogenannte «Justiz» erlaubt diese Schändlichkeit nicht nur, sondern wirkt aktiv dabei mit: sie stellt einen der drei Richter – die beiden anderen sind Ärzte –, die einen mißliebig gewordenen Arzt entrechten. Hackethal hatte – und so auch der Arzt dieses Stücks – zwei Ärzte und einen Juristen als Richter. Sie sprachen dem Bayerischen Staat ihre Empfehlung aus, dem Professor die Approbation zu entziehen. Und wenn Hackethal in die Berufung gehen wird, so ist seine Lage von vornherein und ganz unabhängig davon, was er gemacht hat, noch hoffnungsloser, nicht weil er Unrecht hätte, sondern allein schon auf Grund der Zusammensetzung dieses «Gerichts»: Denn jetzt steht er zwar zwei Juristen gegenüber, aber nunmehr drei Medizinern! Und da diese Mediziner, das kann man nicht genug betonen, ausgesucht worden sind vom Kläger, so steht ihr Urteil von vornherein so fest wie die Tatsache, daß dem Februar der März folgt... Ich zitiere, was ich damals schrieb, weil es zutrifft auf die Zusammensetzung auch dieses Berufsgerichts im ‹Kreidekreis›, vor dem Reinbek zwei «Standesherren» gegenübersteht und nur einem Juristen. Ein «Gericht» in dieser Zusammensetzung ist um so gefährlicher für einen Arzt, je ungewöhnlicher ist, was er geleistet hat, so daß von vornherein alle jene Kollegen gegen ihn sind, die deshalb keiner dem

Namen nach kennt, weil sie einen Namen sich nicht machen konnten...

Ich schrieb über den Hackethal-Prozeß: «Zwei Ärzte flankieren den nur einen Juristen, der den Vorsitz führt und dem es sichtlich schwerfällt, seine starke Sympathie für den Angeklagten zu tarnen. Bei Abstimmungen also – zwei zu eins – kann (muß nicht) stets der Jurist von den zwei Ärzten überstimmt werden. Denn diese beiden Ärzte, das ist der eigentliche Skandal, sind als Beisitzer eingesetzt worden vom – Kläger! Wann ist das Recht je so verhöhnt worden?

Wenn ein Bäckermeister vor Gericht steht, sind ja auch die Beisitzer nicht ausschließlich Bäcker, die vielleicht diesen Konkurrenten auch nicht nur deshalb aus dem Verkehr ziehen helfen, weil er die Innungskasse gestohlen hat, sondern weil er begehrtere Brötchen bäckt als sie selbst, und besonders gute Obsttorten.

Wenn man aber hier in München hört und sieht, mit welcher einschläfernden Ausführlichkeit dem Kollegen Hackethal wie ein Mord sogar noch eine Albernheit vorgehalten wird wie die, daß er bei der der Einweihung seiner Klinik siebenhundert Gäste hatte: dann ist es unmöglich, sich des Verdachts zu erwehren, daß deshalb eine ‹Standesorganisation› jetzt versucht, ihn durch Berufsverbot als Arzt zu beseitigen, weil die geballte Mediokrität wieder einmal einen liquidieren will, der sich im Gegensatz zu ihr einen Namen gemacht hat.

Denn immer erneut in dieser schier unaufhörlichen Verhandlung wirft ‹man› Hackethal vor, daß er ‹in die Presse gegangen ist›. Artikel zu schreiben oder anzuregen oder Interviews zu geben – das scheint diesen merkwürdigen Ärzten geradezu ehrenrührig zu sein, offensichtlich deshalb, weil sie noch kein Mensch je um ein Interview gebeten hat.

Es zeigt sich auch, welche verquere Nichteinstellung sie zur Demokratie haben. Denn Demokratie ist Öffentlichkeit oder ist nicht. Und daß Fernsehen und alle anderen Medien sich mit Hackethal beschäftigten, das macht diese Standesvertreter

derartig aggressiv, daß sie Hackethal dessen angebliche ‹Aggressionen› vorwerfen.
Die hier im Saal das Land Oberbayern und die Ärztekammer Rosenheim vertreten, sprechen über ihren Kollegen Hackethal in einem Ton, als müsse der sich dauernd m o r a l i s c h *vor ihnen rechtfertigen, ja als habe er die Pflicht nachzuweisen, daß er Arzt ist.*
So wird er zum Beispiel einem Verhör darüber unterworfen, ob er denn jener armen Patientin, die sich – mit Hackethals Hilfe – das Leben nahm in seiner Klinik, auch schmerzstillende Mittel gegeben habe. Das ist eine Frage, so absurd wie die wäre, ob er denn dieser Frau auch ein Bett in seiner Klinik zugestanden hat. Doch ausführlich und viele Minuten lang muß der Angeklagte erläutern, wie lange und welche Schmerzstiller er dieser sehr unglücklichen Verkrebsten gegeben hat, wie schon vier andere Ärzte vor ihm.
Während ich darüber nachdenke, was in einem Arzt vorgehen mag, der sich in dem Selbstbewußtsein sonnt, hier öffentlich einen bedeutenden Kollegen darüber verhören zu dürfen, ob der denn auch das Selbstverständliche getan hat: nämlich einer unbeschreiblich Leidenden Schmerzlinderndes zu verabreichen, wird mir erst ganz klar, daß die eigentliche Problematik dieses im einzelnen so langweiligen und so törichten, im ganzen aber doch hochbedeutenden, ja exemplarischen Verfahrens eine bedrückende Frage überhaupt der Demokratie als Staatsform enthüllt. Wer eigentlich ermächtigt Ausschüsse, zuweilen auch Gesetzgeber, über Einzelne den Stab zu brechen, die wie Hackethal in keiner Weise gegen das Recht verstoßen haben, sondern nur gegen die veröffentlichte Meinung?
(Die veröffentlichte Meinung ist das unkontrollierte Echo von Gesetzen und Gepflogenheiten, nicht von Recht: was die nicht merken, die diese veröffentlichte Meinung, indem sie die nachplappern, personifizieren; sowenig Normalverbrauchte, die sich einbilden, Normalverbraucher zu sein, noch merken, daß sie nicht leben, sondern gelebt w e r d e n*!)*

Hackethal hat ja nicht gegen das Recht verstoßen, sondern allenfalls gegen ein unmenschliches Gesetz, wie ihm ausdrücklich im August 1987 das mutige Oberlandesgericht München in höchster Instanz durch Freispruch bestätigt hat, als er jener Neunundsechzigjährigen Zyankali hinstellte. (Er hat es dieser Frau nicht verabreicht, sie trank es selbst.)

Kein Theologe hat sich dazu hinreißen lassen, das sei zur Ehre der Kirchen gesagt, Hackethal einen Vorwurf zu machen. Und dennoch wird dieser Arzt, der im Gegensatz zu anderen Mut und Menschlichkeit aufbrachte, den Qualen dieser Frau, auf ihren dokumentierten Wunsch hin, ein Ende zu machen, von Kollegen hier vor Gericht über Banalitäten ausgefragt, als sei er ein Warenhausdieb.

Es ist schon so, hier erlebt man es wieder: In der Diktatur richten Einzelne viele. Doch in der Demokratie viele – Einzelne!

Und am infamsten, wie immer, wenn weniger Erfolgreiche einen sehr Erfolgreichen verhören, ist die kleinkarierte Neugier der ‹Standes›-Vertreter nach Hackethals Einkommen. Merken Ärzte, deren jeder im Vollbesitz einer Krankenkassen-Zulassung ist, denn wirklich nicht, wie lächerlich sie sich machen, wenn sie ‹beanstanden›, was ein Berufskollege, dem der bayerische Staat die Krankenkassen-Zulassung verweigert, für Rechnungen schreibt?…

Ein Prozeß, der hätte dokumentiert werden müssen, was freilich deshalb nicht unmöglich war, weil – ganz zu Recht – Tonbänder in Gerichten nicht zulässig sind. So hätte dieser Prozeß einen bedeutenden Beitrag leisten können zu jener Wurzelbehandlung, der auch unsere Demokratie von Zeit zu Zeit unterzogen werden müßte. Die nächste Runde wird noch spannender werden, es sei denn, die Kläger zögen sich zurück – was sie gewiß nicht tun werden, dank ihrer Erfahrung, daß unsere Berufsverbände jene Staaten im Staate sind, in denen man sich nicht mehr lächerlich machen kann.»

Auch im Stück steht also zu Beginn der Verhandlung im Vordergrund der Einwand des Angeschuldigten, «Gericht» – also, soweit menschenmöglich, gerecht – könne ein Gremium nicht sein, dessen Zusammensetzung der Kläger festgelegt hat, weil das eine Ohrfeige für jeden rechtlich Denkenden ist... Reinbek, der in Gesprächen mit Anwälten die Erfahrung gemacht hat, daß er ihnen alles Medizinische erst selber sagen muß – denn welcher Jurist könnte sich in der Medizin ebensogut auskennen wie der angeklagte Arzt –, hat in dieser ersten Verhandlung auf einen Anwalt verzichtet, sich jedoch von einem Anwalt belehren lassen, wie er die Zuständigkeit dieses «Gerichts» wegen seiner skandalösen Zusammensetzung bestreiten muß. Der Autor macht sich – da ebenfalls kein Jurist – die Eingabe zunutze, die Professor Hackethals Anwalt, der Stuttgarter Professor Dr. Karl Egbert Wenzel, an das sogenannte «Berufsgericht für die Heilberufe» in München gerichtet hat. Wenzel bestreitet darin die «Verfassungskonformität des Verfahrens» und kämpft für ein unabhängiges – das heißt: nicht vom Kläger zusammengesetztes – Gericht. Doch sein Einwand wurde als nicht stichhaltig ohne jede Begründung abgewiesen. Was natürlich von vornherein feststand, weil kein Sterblicher so über den Dingen stehen, so objektiv sein k a n n, *daß er sich selber als befangen eintaxiert, zumal wenn dieser Vorwurf von denen erhoben wird, über die zu richten er sich nominieren ließ.*

Erstaunlich, welchen zeitraubenden Albernheiten die Justiz sich auch in solchen Fällen überläßt, in denen nichts entschieden werden k a n n, *weil die Entscheidung schon feststeht, bevor die Frage aufgeworfen worden ist...*

Man fragt, was deutsche Richter sich denken – denn man setzt voraus, sie denken zuweilen über die Problematik solcher Berufsgerichte nach –, wenn sie hierzulande Menschen richten lassen durch Berufskollegen, die der Kläger zu Richtern des von ihm Angezeigten ernennen konnte... Die Schmach der deutschen Justiz in der Nazi-Zeit, noch überboten durch die

Tatsache, daß die deutsche Justiz ihre Freiheit in der Ära Adenauer mitnichten dazu genutzt hat, wenigstens die schlimmsten Justizmörder, die für Hitler gewütet hatten, aus ihren Reihen zu beseitigen – diese Schande setzt sich fort, weil auch heute Juristen, die im Parlament ein Wort mitsprechen könnten, nichts dagegen einwenden, daß in unserm Lande Berufs-Gerichts-Komödien durchgeführt werden, die mit dem Recht so wenig zu tun haben, daß sie den Bürgern im Wortsinne unglaublich sind...

Aus dem Parkett angeschaut: ganz rechts, parallel zur rechten Wand des Raums mit dem Foto des amtierenden Bundespräsidenten, das Richterpodest, in dessen Mitte die Vorsitzende Richterin am Verwaltungsgericht, die Verwaltungsgerichts-Direktorin Heinemann, sitzt. Ihr Talar, obgleich doch ein Stück Alltagskleidung für sie, gibt ihr die Eleganz, die sie sonst nur in langen Abendkleidern hat.

Wie Frau Heinemann «nachgeholfen» hat, dieses Verfahren an sich zu ziehen, hält sie geheim sogar vor Reinbek; viel nachzuhelfen hatte sie nicht, da Berufsgerichte nur höchst selten zusammentreten. Auf die Nominierung der beiden Ärzte, die heute als Richter mit gleichem Stimmrecht wie sie hier urteilen, hatte Annelies Heinemann keinen Einfluß. Denn wie gesagt: die werden bestimmt von denen, die Reinbek angezeigt haben und die Zilliger, besonders aber Schnittger in Kenntnis seiner auch in Artikeln schon zum Ausdruck gebrachten Abneigung gegen Reinbek nominierten...

Die beiden Mediziner, rechts und links von ihr am Richtertisch, tragen gedeckte Straßenanzüge, Zilliger wie immer einen eleganten. Schnittgers Genugtuung, heute doch noch – indem er einen Kollegen mitrichtet – und sogar öffentlich, seinen Thesen Gehör verschaffen zu können, für die er einst von Reinbeks Vorgesetztem aus der Frauenklinik coram publico hinausgeworfen wurde, ist so unverkennbar, daß man als sicher voraussetzen darf – zu beweisen wäre das natürlich nicht –,

daß Schnittger vehement bei seiner «Standesvertretung» nachgeholfen hat, heute hier als Richter amten zu dürfen... was ihm deshalb leichtfiel, weil er als prominenter Parteimann gern Mitspracherecht hat, das in dieser Republik allein Parteimitglieder haben.
Unter dem Fenster an der hinteren Wand – also der Rampe gegenüber – der Platz des Staatsanwalts Dr. Heinz Quacker, der auch in Robe ist; da hier ein Bundesland den Antrag der Ärztekammer vorträgt, Reinbek die Approbation abzusprechen, spricht die Vorsitzende Heinemann den Staatsanwalt mit Herr Landesanwalt an... Zwischen ihm und dem Richtertisch der Platz des Protokollschreibers. Ziemlich links am Ende der Längswand die breite zweiflügelige Tür zum Flur. Und ein Stuhl für den Gerichtsdiener Scheckl, in grüner Uniform mit Mütze; so oft er gähnt, hat man Angst, es zerreiße ihn. Er gähnt fast so oft wie er atmet. Wo Scheckls Stuhl ist, ist auch der Gang zu den Zuschauerreihen, deren offensichtlich mehr im Saal sind als hier sichtbar: man muß sich also den Hintergrund, in den die drei Richter hineinsprechen, tiefer vorstellen als hier zu sehen ist. Man sieht nur ungefähr vier Zuschauerreihen. Ziemlich in der Mitte der Bühne die beiden Stühle für den Beklagten und seinen – heute von ihm noch nicht bemühten – Anwalt. Dieser Stuhl bleibt also leer. Im Rücken des Angeklagten eine gepolsterte Zeugenbank, dahinter die Bänke für die Zuschauer. Professor Rotenburger, Esther Schneider und Monika Beranek hinter Reinbek auf der Zeugenbank. Unter den Zuschauern auf der ersten Bank Monsignore Siebenstiehl, seinen Hut auf, mit Schirm; und Jovan Petrović. Und die als Wasserwerferin schon aufgetretene Radikalfeministin Frau Dr. Heike Schrabbel.
Der Landesanwalt, der Studierte unter den Söhnen des vielleicht bedeutendsten Klopapier-Fabrikanten Bayerns, kultiviert das barocke, r-reiche Deutsch seiner Heimatprovinz, aus der er erstmals – zu seinem Kummer – außer Landes gehen mußte, als die CSU in das verdammte Rheinland einen höhe-

ren Juristen glaubte einschleusen zu sollen; seine Berufung dorthin war um so weniger politisch verdächtig, als Quacker Protestant ist: er stammt aus Nordbayern, der Gegend um Hof, und brüllte in der ersten Reihe mit vor Begeisterung, als dort jener «Dauerbrenner» – so nennt Quacker in ersterbender Hochachtung den Bayerischen Ministerpräsidenten – auf einem Parteitag den einzigen Satz sprach von allen seinen Äußerungen zur Literatur, der ihn überleben wird; wir zitieren den «Hofer Anzeiger» vom 31. Juli 1978: «Lauten Beifall erntete Strauß, als er zu den Vorgängen um Filbinger erklärte: ‹Man kann Filbinger aus dem, was er bei Kriegsende unter den damaligen Verhältnissen getan hat, keinen Vorwurf machen. Aber man führt mit Ratten und Schmeißfliegen keine Prozesse.›»

Strauß, der als erster Politiker seit dem Tode von Dr. Joseph Goebbels wieder den Mut aufbrachte, Menschen als Ratten zu bezeichnen, hat sich auf ebenso hohem moralischem und wissenschaftlichem Niveau befunden, als er seine einzige originale Äußerung zur Naturwissenschaft und Geistesgeschichte getan hat, nachzulesen in Otto Hahn: «Erlebnisse und Erkenntnisse». Strauß sagte über den Nobelpreisträger öffentlich: «Ein alter Trottel, der die Tränen nicht halten und nachts nicht schlafen kann, wenn er an Hiroshima denkt.» Diese beiden einzigen unverwechselbaren Kundgebungen zu Literatur und Wissenschaft in nahezu fünfzigjährigem, von der Öffentlichkeit finanziertem Wirken, aus dem Munde eines demokratischen Staatsmannes, der heute Land und Thron repräsentiert, die einst von den kunstliebenden Wittelsbachern eingenommen wurden – sind wahrhaft unwiderstehliche Empfehlungen der parlamentarischen Staatsform auf Kosten der monarchischen!

Dr. Quackers einzige Enttäuschung in seiner geradlinigen Karriere: Er hat lange erwogen, ein Parteigerichtsverfahren anzustrengen gegen CSU-Mitglieder, die behauptet hatten, die «Kopfleiste» eines Münchener Parteitags: «Deutschland braucht Bayern» sei von i h n e n, *während Quacker diese Zeile als* s e i n e n *Geniestreich geltend macht, jedenfalls vor seiner Frau...*

Annelies Heinemann hat das Richterbarett auf dem Kopf, das ihr so chic sitzt, wie es Männer dämlich aussehen läßt. Ungehaltener als sie sonst redet, spricht sie zu dem rechts von ihr – also nahe der Rückwand – sitzenden Beisitzer Zilliger; Reinbek s i t z t *in Bühnenmitte vor dem Richtertisch, neben sich auf dem leerstehenden Sessel – da der Stuhl Lehnen hat, kann man ihn Sessel nennen – eine Kollegtasche mit Büchern. Und lose Papiere.*

HEINEMANN *ruft gereizt dem wieder gähnenden Scheckl zu*:
Herr Oberwachtmeister, wer hat die Tür aufgemacht!
SCHECKL, *hochschreckend, stramm, laut*:
Jawoll, Tür schließe!
Das tut er. So gereizt wie sie zum Türschließer sprach, fährt
HEINEMANN *fort, zu Zilliger gewendet, aber auch Schnittger einbeziehend*:
Natürlich begreife ich, meine Herren Beisitzer,
Ihren Unwillen, daß der Angeschuldigte unterstellt,
Berufskollegen könnten ihn weniger objektiv beurteilen,
als wir Juristen – vor allem dann,
Herr Reinbek hat das natürlich nicht ausgesprochen,
wenn es sich um einen so berühmten
– und das heißt bei K o l l e g e n: immer auch berüchtigten
Arzt handelt. Immerhin ist der Angeklagte
als Pionier der Reproduktionsmedizin
der erste Europäer, der eine Ammenmutter
das befruchtete Ei einer a n d e r e n Frau
hat austragen lassen:
So kann doch schwer in Abrede gestellt werden,
daß auch Neidkomplexe...

ZILLIGER, *scheinbar amüsiert, in Wahrheit beleidigt, zeigt auf Schnittger*: Neid? – absurd!

SCHNITTGER: Uns das vorzuhalten ist abwegig,
wir sind Psychiater, transplantieren keine Eier
... Wir sind nicht im Laichgewerbe tätig!
Warum fragen Sie nicht den Kollegen Rotenburger,
der wie der Angeschuldigte Gynäkologe ist,
ob er Neidkomplexe hat...
Er zeigt auf den Zeugen Rotenburger.

HEINEMANN: Ich sprach nicht von Ihnen beiden persönlich,
meine Herren Beisitzer,
sondern vom Problem, das stets auftaucht,
wenn Berufskollegen mitrichten.
Verzeihen Sie: die uralte Erfahrung,
Menschen machen sich nie lächerlicher, als wenn sie
Berufskollegen beurteilen.
Ich würde es für – ja:
geradezu unerlaubt halten, dann einen Bäcker,
wenn dessen Arbeit als Bäcker
Gegenstand des Verfahrens ist, durch einen Bäcker
als Beisitzer richten zu lassen!
Das ist hier der Fall:
Zwei Ärzte richten
– mit nur einem Juristen, den sie überstimmen können –
einen Arzt: hoch problematisch – oder?
Herr Dr. Reinbek, Sie wollten etwas sagen?

SCHNITTGER, *rasch*:
Aber nur Bäcker verstehen etwas von Brötchenbacken:
warum also sollen dann nicht sie als Fachleute...

HEINEMANN: Sie sollen! Sie sollen als Zeugen
mitreden, natürlich. Als Gutachter.
Doch nicht als Richter. Daß Ärzte uns Juristen erläutern,
was der Arzt Reinbek getan hat – ist unentbehrlich;
eine ganz andere Frage: sollen Ärzte das auch richten?
Herr Dr. Reinbek?

REINBEK: Daß Ärzte mich, den Arzt, mitrichten,
ließe sich akzeptieren,
würden diese Ärzte nicht nominiert von denen,
die mich angezeigt haben; die Ärztekammer,
die mich liquidieren will durch Entzug der Approbation,
bestimmt, welche Ärzte mich richten.
Wo gibt es das sonst noch auf der Welt:
daß der Kläger auch die Richter aussucht!
Rotenburger hat sich gemeldet, wird jetzt aufgerufen.
HEINEMANN: Bitte, Herr Zeuge – Professor Rotenburger!
ROTENBURGER: Ich staune und gebe das zu Protokoll,
daß die Ärztekammer nicht so fair gewesen ist,
wenigstens einen Gynäkologen
zum beisitzenden Richter zu berufen.
Das erinnert mich an die Zusammensetzung des Ausschusses
für Fortpflanzungsmedizin, der ja auch
in dreißig Sitzungen keinen Frauenarzt zu Wort kommen ließ!
HEINEMANN, *amüsiert, weil der Landesanwalt, aufgeregt wie kurz vor dem Veitstanz, endlich zu Wort kommen will. So zerfahren er quatscht, so quirlig hastet er umher zwischen seinem Stuhl, dem des Angeklagten und dem Richtertisch*:
Herr Landesanwalt Dr. Quacker!
QUACKER:
Wenn der Angeklagte auf Zeitgewinn spielt, jawohl.
Er spielt, sage ich, auf Zeitgewinn, weil Zeitungen melden,
er habe einen Ruf in die USA.
Er will das Gericht als befangen ablehnen
und die Verhandlung vertagen lassen,
um dem deutschen Urteil zu entgehen.
Dieses Gericht wird ihm zweifellos
die Eignung absprechen, fernerhin als Arzt zu praktizieren!
Und hat dieses den Vorrang: das Berufsgericht soll klären,
wie es mit dem ärztlichen Stand zu vereinbaren ist,
daß der Angeschuldigte als Angestellter einer
staatlichen Klinik hinter dem Rücken seines Chefs

neue Methoden an Frauen ausprobiert hat,
die von der Ärztekammer bereits verboten waren!

REINBEK *hat aufgelacht – jetzt ruft er*:
Welche neuen Schritte sollte die Ärztekammer verbieten?
Neu heißt nämlich: neu auch für sie!
Die Ärztekammer kann meine Methode nicht verboten
haben, weil sie nicht wissen konnte, daß es sie gibt!

HEINEMANN, *zu Rotenburger*: Herr Zeuge, was sagen Sie zum Vorwurf des Herrn Landesanwalts?

ROTENBURGER: Ich muß bestreiten,
daß der Herr Angeklagte sich gegen mich, seinen Chef,
illoyal verhalten hat, wenn er in unserer Klinik
Neues ausprobierte. Ich verstehe,
daß er mit mir sein Vorhaben nicht erörtert hat,
daß man ein Experiment nicht herumerzählt,
bevor es geglückt ist ... ich attestiere Reinbek
Bescheidenheit angesichts eines sehr unbescheidenen Versuchs,
der – dennoch gelungen ist!

ZILLIGER, *als könne er vor Sodbrennen kaum reden, zitiert magenbitter*:
«Gelungen»? Die Mitarbeiterin des Angeschuldigten,
Oberschwester Weigander ist ganz anderer Ansicht!

HEINEMANN, *legt ein Attest aus der Hand, nimmt es dann wieder auf, um es weiterzureichen an ihre Beisitzer*:
Laut Attest – bitte: meine Herren Beisitzer –
ist die Anzeigerin Weigander
noch immer in psychiatrischer Obhut und angeblich
zu einer mündlichen Bekräftigung ihrer Anzeige
seelisch indisponiert.

QUACKER: Ich weiß auch gar nicht, warum Frau Weigander
hier selber erscheinen sollte; übrigens,
Frau Vorsitzende, kann ich es unmöglich gutheißen,
daß Sie die Zeugin als Anzeigerin bezeichnen ...

HEINEMANN: Wollen sie lieber, daß ich diese Angehörige
der Klinik, die ihre Schweigepflicht bricht,

weil sie einem Arzt unterstellt, den Tod
eines Kindes vertuscht zu haben –, daß ich
Oberschwester Weigander Denunziantin nenne?

SCHNITTGER: «Unterstellt?» – wieso hat Frau Weigander
nur unterstellt, daß Dr. Reinbek den Tod
des Leihmutter-Kindes vertuschen will?
Ob das eine Unterstellung ist,
muß erst herausgefunden werden.

QUACKER: Auch ich widerspreche mit allem Nachdruck:
mußte Frau Weigander, keineswegs eine Denunziantin,
den Tod des Leihmutterkindes vermutend,
nicht anzeigen?
Frau Weigander wies darauf hin, daß die so plötzliche
Abreise der Eheleute Uhlig samt Ammenmutter
mit unbekanntem Zielort den Verdacht nahelegt,
medizinisch sei eine Katastrophe eingetreten,
die Herr Dr. Reinbek zu vertuschen allen Anlaß hat
als Urheber des gesamten Casus.
Wahrscheinlich, sagte sie aus, ist das Kind tot.
Dr. Reinbeks Verstoß gegen das
Leihmutterverbot...

HEINEMANN, *ganz ruhig, absolut gelassen*:
Ein Verstoß gegen das Gesetz lag keineswegs vor:
die Ärztekammer hatte Leihmütter verboten,
aber die Ärztekammer darf nur Empfehlungen
aussprechen, sie ist keine gesetzgebende Körperschaft.

QUACKER, *ebenso gelassen, was aber bei ihm höchst bedrohlich ist*:
Ist gar kein Einwand, Frau Vorsitzende,
insofern wir hier ja keine Gesetze brauchen,
dem Arzt Reinbek das Handwerk zu legen,
sondern nur das Urteil seiner Berufskollegen,
die von dieser – wie Sie abfällig sagen –
nicht gesetzgebenden Körperschaft,
der Ärztekammer, berufen und autorisiert sind.

ROTENBURGER *fährt dazwischen*:
Gestatten Sie, Frau Vorsitzende... bin befremdet,
daß der Herr Landesanwalt hier argumentiert,
als sei der Angeschuldigte bereits verurteilt...
so rasch schießen die Preußen nicht.
Wird hier ein Verfahren kriminalisiert,
das im Tierreich unsere Zuneigung auslöst:
Wenn sogar Tiere genetisch nicht verwandte
Eier ausbrüten oder Lebende säugen,
– dürfen dann nicht auch Menschen einen
Leben schaffenden Liebesdienst für andere tun?
ZILLIGER, *mit dem Lächeln dessen, der fast so dumm ist, wie er sich jetzt weise vorkommt*:
Enten brüten Hühnereier aus, kommt vor, gewiß.
ROTENBURGER: Oder die Rohrdommel das Kuckucksei...
ZILLIGER: Halten Sie, Herr Kollege,
einen solchen Vergleich für menschenwürdig?
ROTENBURGER:
Für tierwürdig? Warum fragen Sie nicht, ob er tierwürdig ist:
Tiere töten ja im Gegensatz zu Menschen Artgenossen
nicht. Oder höchst selten.
Barmherzigkeit jedenfalls
lernt sich aus den Beispielen, wie Tiere
fremdartige aufziehen, nicht schlecht...
HEINEMANN, *zu beiden Mitrichtern*:
Ich muß daran erinnern, meine Herren Beisitzer,
daß die amerikanische Universität kaum Herrn Reinbek
auf Grund dieses neuen Verfahrens einen Lehrstuhl anböte,
hielte man auch jenseits des Meeres für unsittlich...
ZILLIGER:
Wir sagen nicht: unsittlich. Wir sagen: standeswidrig.
HEINEMANN:
«Standeswidrig» eine Therapie, die in den USA
zum Ruf auf einen Lehrstuhl führt?
ZILLIGER: Therapie? Herr Reinbek hat nicht therapiert,

nichts getan, die sterile Frau zu heilen
– sondern hat nur
einer anderen ein befruchtetes Ei transplantiert;
womit ja die Sterile keineswegs geheilt worden ist,
sie ist so krank wie bisher.

REINBEK: Leidet aber den Mangel nicht mehr, den sie
als Krankheit empfunden hat: Kinderlosigkeit.
Die ist nun behoben. Und Kinderlosigkeit ist
eine Krankheit für die, die sich Kinder wünschen.

Wie besonders in Komödien jede aufgetretene Person ein Recht haben sollte, im letzten Akt noch einmal zu Wort zu kommen, so hier auch die Feministin und Soziologin Frau Dr. Heike Schrabbel, die wir aus dem zweiten Akt als eine der Demonstrantinnen kennen. Sie ist Landtagsmitglied und nimmt – dies unbestreitbar zu Recht – wie viele Gegnerinnen der «Reproduktions»-Medizin besonderen Anstoß an der Tatsache, daß so viel mehr Ärzte als Ärztinnen an gynäkologischen Spitälern arbeiten.

HEINEMANN: Die Zeugin Frau Dr. Schrabbel möchte noch etwas – bitte, hier vorbringen?

HEIKE, *die mehrmals unbeachtet die Hand hob, tritt mit Verve vor die Richterin; sie spricht wie eine öffentliche Anklägerin*:
Ich versuche, wie ich schon gesagt habe, auch jetzt
mein Landtagsmandat zu vergessen, um nur
als Soziologin zu argumentieren: Herr Reinbek sagt,
Kinderlosigkeit ist eine Krankheit derer,
die sich Kinder wünschen – ich sage: nein, nein, nein!
Hier äußert sich das Schicksal nicht als Krankheit,
sondern als eine Chance, die Mütterlichkeit
einer Kinderlosen gesellschaftlich umzufunktionieren
und anderen Kindern oder Zwecken dienstbar zu machen!
Es gibt Kinder genug auf der Welt, die Mütterlichkeit
– wie alle Kinder – brauchen, aber keine Mutter haben:
da ist es eine Schuld der Ärzte, ja, ich sage Schuld,

wenn sie in ihren Eröffnungsgesprächen mit jenen Frauen,
die eine Sterilitätstherapie von ihnen verlangen,
in diesen Gesprächen den Frauen nicht klarmachen,
daß sie ihre Kindlosigkeit nur bedrückend empfinden,
weil ihr Ehemann oder die Gesellschaft ihnen
einreden, eine Frau ohne Kind sei eine halbe Portion.

HEINEMANN, *unterbricht, es fällt ihr fast schwer, nicht merken zu lassen, für wie absurd aus ureigener Erfahrung sie dieses Gerede der noch sehr jungen Feministin hält*:
Frau Dr. Schrabbel, haben Sie nicht das Gefühl,
wie sehr Sie alle Frauen entwürdigen,
nicht nur jene mit Sterilitätsproblemen,
wenn Sie uns Frauen (und damit auch sich) anhängen,
es seien nur die Männer oder gesellschaftlicher Druck,
die in uns Frauen den Wunsch nach einem Kinde
aufkommen lassen? Ich kann Ihnen aus ureigener Erfahrung
nicht recht geben, ich habe kein Kind und erleide das
– aber doch nicht, weil mein Mann eines will:
der hat welche aus einer früheren Ehe.
Und so, wenn ich recht unterrichtet bin,
ist das auch bei Uhligs:
Sie können also – wir haben uns ja allein
mit Dr. Reinbeks Verhalten zu beschäftigen –,
Sie können ihm nicht nachsagen, er habe sich
gesellschaftlichem oder ehemännlichem Druck gefügt
und deshalb Frau Uhlig gewaltsam überredet
zu seinem Experiment...

HEIKE: Finden Sie es, Frau Vorsitzende, nicht entwürdigend
für eine Patientin, ihren Körper zu einem Experiment
herleihen zu müssen?

HEINEMANN: «Zu müssen»? – das müßten Sie beweisen,
Frau Dr. Schrabbel. Frau Uhlig wird ja selbst
hier noch aussagen: fragen Sie doch dann,
ob der Angeschuldigte Reinbek einen Druck auf sie
direkt oder mit Hilfe des Ehemannes ausübte...

Jede medizinische Neuerung mußte einmal experimentell
an einem Menschen probiert werden: das heimlich zu tun,
kann ein Verbrechen sein, aber doch nicht in Übereinstimmung
mit der behandelten und dadurch therapierten Person, oder?
Ich darf meinem Erstaunen Ausdruck geben,
daß Ihnen, Frau Zeugin, offenbar gar nicht
problematisch ist, hier gleichsam anzuordnen,
wie Kinderlose sich zu verhalten hätten:
sie sollen sich, so der Tenor Ihrer Aussage,
gefälligst der Kinder ohne Mütter annehmen,
statt ihre Sterilität heilen zu lassen...
Ich würde denken, das sollte in unserem Staat
jede Frau so machen dürfen, wie sie will.
Ich danke Ihnen.

QUACKER, *dem es sichtlich schwerfiel, nicht hineinzureden*:
Ich stimme der Frau Zeugin Dr. Schrabbel zu
ohne Vorbehalt, daß Kinder zu wünschen,
selbst dann, wenn Mediziner bemüht werden müssen,
absurd ist und unberechtigt!
Kinder zu wünschen als eine sozusagen einklagbare
Forderung an Vater Staat – absurd! Halten wir doch,
hohes Gericht, hier endlich einmal fest – jawohl:
es gibt zwar Gesetze noch nicht gegen das,
was der Herr Angeschuldigte
sich standeswidrig herausgenommen hat,
aber der Freistaat Bayern
nimmt sich ja jetzt die Freiheit,
jawohl, seit der Kabinettssitzung vom Montag,
massive Verbote, ja Haftstrafen...
die Frau Staatsministerin... ich zitiere –

ZWISCHENRUFER: Die Frau Freistaats-Ministerin –
Wir sind hier nicht in Bayern!

QUACKER *hat, nachdem Frau Heinemann verstimmt die Glocke bediente, den «Bayernkurier» vom Tisch genommen und liest Rotangestrichenes*:

… aus dem «Bayernkurier» … daß die Staatsregierung
des Freistaats für ein striktes Verbot eintritt,
um – so die Frau bayrische Justizministerin –
eine Reihe neuartiger Möglichkeiten der Zeugung
und Austragung von Kindern zu unterbinden,
ja unter Strafe, sogar unter unbedingte Haftstrafe …

HEINEMANN: Herr Landesanwalt, ich muß Sie bitten:
der Gegenstand des Verfahrens! Wir sind hier,
um darüber zu befinden, ob Herr Dr. Reinbek
sich eines standesunwürdigen Verhaltens …

QUACKER, *wie seine Rage sich steigert, so seine Betonung, sein Verschleiß des harten Rs*:
Fraglos, ist völlig fraglos … Sie haben mich,
Frau Vorsitzende, nicht ausreden lassen:
Daß mindestens Standesunwürdigkeit vorliegt,
wenn bereits der Freistaat im Kabinett,
und zwar mit dem ausgesprochenen Ziel, der Tätigkeit
der gemeinsamen Bundesländer-Arbeitsgruppe
zur Verhinderung des Mißbrauchs
der Reproduktionsmedizin
damit Vorschub zu leisten –:
Verbot der Leihmütter beschließt;
weiterhin beschließt, Samenspender
a) nicht anonym zu halten und ihnen
b) zu verbieten, Nichtverheiratete zu besamen!

ZWISCHENRUFER: Guillotine für vorehelichen Verkehr!

QUACKER, *weiter, lauter*:
Samenbanken werden abgeschafft im Freistaat,
Ei- und Embryo-Spenden sind verboten
– und sollen diese Verbote nicht nur
als Ordnungswidrigkeit, sondern als Straftat
verfolgt werden …

HEINEMANN, *scheinbar lächelnd, in Wahrheit ultimativ*:
Danke, nehmen Sie Platz, Herr Landesanwalt,
das Gericht dankt Ihnen für diese Belehrung.

Aber wenn auch ich Sie einmal belehren darf:
dieses ist ein Berufsgericht...

QUACKER, *jetzt auch ironisch*:
Noch! Ich sage, Frau Vorsitzende: noch
steht der Angeschuldigte nur vor einem Berufsgericht.
Doch stehe ich nicht an vorauszusagen,
daß der Verdacht der Frau Weigander...

HEINEMANN, *am Rande der Freundlichkeit*:
Wird aufgeklärt durch die vorgeladenen Zeugen Uhlig.
Nehmen Sie Platz! Wir müssen fragen,
was eigentlich dabei herauskommt,
wenn heute dem Angeklagten die Approbation
durch dieses Berufsgericht aberkannt würde...

ROTENBURGER, *ein Zwischenruf*: ...wird sie nicht!

HEINEMANN: Herr Reinbek ginge in die Berufung.
Das Gericht hat ja keinerlei Handhabe,
wie Sie wissen, den Angeklagten zu nötigen, aus den USA
zu einer Berufungsverhandlung wiederzukommen,
oder unser Urteil überhaupt noch zur Kenntnis zu nehmen.
Deutschsein heißt, las ich einmal
– ich fürchte: bei Richard Wagner –
eine Sache um ihrer selbst willen tun!

SCHNITTGER:
Will ich hoffen. Prinzipientreue ist ein Wert an sich.
Die Standeswidrigkeit der Reinbek-Methode
ist zu erhärten: gerade dann, wenn der Angeklagte
sie auch in die USA einschleppen will,
ich benutze bewußt dieses Wort für Seuchen.

ZILLIGER: Werden Sie, Herr Kollege Reinbek, trotzdem
zur Verhandlung in zweiter Instanz erscheinen?

REINBEK: Warum? Ich werde heute freigesprochen.

ZILLIGER: Gesetzt, das wäre nicht der Fall, ich zum Beispiel
stimme gegen Sie, kämen Sie dann zurück,
zu einer Berufungsverhandlung?

REINBEK: Warum sollte ich?

Man reist nicht ungestraft nach Deutschland,
eine Erfahrung, die nicht nur Ausländer gemacht haben.
Ich denke, wenn es ernst wird, tut auch ein Deutscher
besser daran, sich auf Freiheit und Gesetze
des Auslandes zu verlassen. Das belegt schon dieser Tag:
in keinem anderen Land der Welt – in keinem –
würde ein Arzt vor Gericht gestellt,
der getan hat, was ich gemacht habe... Also zu Ihrer Frage:
wer Neues riskiert – bleibe nur in der Heimat,
so lange ihn das Ausland noch nicht zur Mitarbeit auffordert.
Freiwillig kehrt man nach Deutschland allenfalls zurück,
um die Gräber seiner Eltern zu besuchen.

ZILLIGER: Sie sind verbittert...

REINBEK: Nur sachlich. Ich praktiziere eine Methode,
die jetzt von Kollegen deshalb kriminalisiert wird,
weil sie nicht ihnen einfiel: also sucht man
im Ausland Kollegen, denen auch etwas einfällt,
was Patienten als Hilfe empfinden...

QUACKER *tritt wieder in die Mitte*:
Als «Hilfe» – aha: immerhin liegt dem Gericht
die Aussage Ihrer Frau Oberschwester vor,
das Kind sei vermutlich tot... jedenfalls verschleppt,
wenn es nicht tot ist...

HEINEMANN: Ist keine Aussage, Herr Landesanwalt –
lediglich eine Anzeige auf Verdacht, die...
Was wünschen Sie? Sind Sie Zeuge?

JOVAN *ist aufgestanden und nach vorn gekommen, weil nicht bemerkt wurde, wie er sich mit erhobenem Arm zu Wort gemeldet hat*:
Nein – doch... wenn Gericht will hören:
immer gesagt, Kind verschleppt oder tot – lächerlich...

HEINEMANN, *aufmunternd*: Was können Sie uns sagen...
Ihr Name?

JOVAN: Petrović, Jovan... Paß, bitte: bin verheiratet mit
Ammenmutter. Das Kind ist vor anderthalb Stunden

mit meine Frau gebracht von mich zum Flugplatz!

HEINEMANN, *irritiert, mehr aber noch der Oberamtmann Arnold, der erregt von der ersten Zuschauerbank aufgestanden ist*:
Flugplatz – hier: zum Düsseldorfer?

JOVAN, *nickt*: Für Abholen Herr Ministerialrat Uhlig.
Kommt aus Brüssel... mit Frau Uhlig, ja
– für... für werden zeugen für Professor Reinbek –
böse, belustigt: ja: Kind ist nicht tot, nicht verschleppt...
Er will sich schon wieder zurückziehen auf seine Zuschauerbank, wendet, um noch zu sagen:
Nur gesagt, weil spricht man bei uns zu Hause:
eine Wort, wenn ist hineingeraten in Amtsstube,
bringen keine zehn Ochsen mehr wieder außen!
Höre immer: Kind tot. Verrückt. Kind verschleppt: verrückt!

ARNOLD, *der schon dauernd Jovan ins Wort fallen wollte – jetzt heftig, während Jovan sich setzt*:
Gestatten Sie, Frau Vorsitzende, daß ich diesem...
Herrn Petrović... hab ich recht verstanden:
einige Fragen stelle? Ich bin immerhin im Besitz einer
er zieht einen Amtsbrief aus der Rocktasche und schwenkt ihn drohend
Einstweiligen Verfügung: Verdunkelungsgefahr!

HEINEMANN, *unwillig, sie sieht das Kind bedroht und versucht abzubiegen*:
... von der ja offensichtlich keine Rede mehr sein kann.
Herr Oberamtmann... bitte Platz zu nehmen. Bitte.

ARNOLD, *steht noch, fragt noch*:
Kann man diesen Mann vereidigen?

HEINEMANN: Ich verstehe nicht, warum Sie...

JOVAN, *ohne aufzustehen*:
Werde nicht schwören – mir egal, ob er glaubt.

HEINEMANN: Das Gericht dankt Ihnen für Ihre Auskunft.

ZILLIGER: Warum, Herr Petrović, haben Sie das Kind
und Ihre Frau zum Flughafen gebracht?

JOVAN, *aufstehend*:
Wegen Auto, ja. Familie Uhlig kommt aus Brüssel
und will am Flughafen seine Auto. Ihre Kind
mit meine Frau wartet sie ab und – herkommen, ja.

HEINEMANN: Danke.
Herr Oberamtmann, nehmen Sie Platz.
Ihre Sorge, das Kind sei verschleppt oder tot,
dürfte behoben sein.

ARNOLD, *unbeweglich wie ein Schrank*:
Aber ich habe hier eine Einstweilige Verfügung, die –

HEINEMANN: – nicht Gegenstand dieses Verfahrens ist.
Nehmen Sie Platz!
Das hat sie so ausgesprochen, daß sogar er sich – deutlich mit Widerstand – bequemt, Platz zu nehmen.

QUACKER, *steht schon, gleichsam in Startlöchern, nun setzt er an*:
Wahr also ist immerhin an den Aussagen
der abwesenden Kronzeugin Weigander:
das Kind ist nicht in Brüssel bei Familie Uhlig.
Wo ist es, wo war es, bevor es
zum Flughafen verbracht wurde?

HEINEMANN, *muß lachen*:
«Verbracht» – klingt tatsächlich wie deportiert.
Herr Professor Reinbek: wo war das Kind?
Herr Petrović: von wo brachten Sie es zum Flugplatz?

JOVAN, *bevor Reinbek antworten kann*:
Ja, von unsere, von Uhliger Hof, meine Frau
muß ja ihm tränken, ja. Stillen. Ja.

REINBEK, *nur eine Geste, steht gar nicht auf, die Dialoge haben jetzt großes Tempo*:
Natürlicherweise!

QUACKER, *mit aufmeckerndem Lachen; wieder pathosgeladene Bewegungen; es sieht aus, als verhedderten seine Unterarme und Hände sich in dem allzu weiten Talar*:
Frau Vorsitzende, hohes Gericht, daß wir hier keineswegs

sicher sein können, bei dem zum Flughafen
überstellten Kind und jenem,
das den Angeschuldigten vor Gericht brachte,
handle es sich um ein und dasselbe Individuum:
Wer, frage ich, ist daran schuld?
Wenn etwas standeswidrig, ja höchst standeswidrig ist,
dann doch wohl die Tatsache, daß der Angeschuldigte,
wie Herr Professor Rotenburger ausgesagt hat,
nicht einmal der Klinik,
in der er seine medizinischen Experimente ausführte,
davon Mitteilung gemacht hat... mithin doch erwiesen ist,
jawohl: daß Herr Reinbek selber gewußt hat
um die Illegalität, ja Verwerflichkeit seines Tuns.

HEINEMANN: Dazu müssen wir noch einmal Herrn Zeugen,
Professor Rotenburger, bemühen. Bitte.

ROTENBURGER *tritt vor*: Dagegen, Frau Gerichtsdirektorin,
muß ich einsprechen.
Kollege Reinbek wollte bei seinem ersten Versuch
weder Familie Uhlig noch der Ammenmutter
eine Rechnung schreiben. Er wußte nicht,
ob es glücken werde, das Kind der Uhligs
der Frau Petrović zur Austragung zu geben...
Von einer Rechnung hätte notwendigerweise
die Verwaltung der Klinik erfahren.

SCHNITTGER: Sie müssen doch zugeben, Herr Direktor,
daß hier eine Vertuschung die andere nach sich zieht!

ZILLIGER: Wenn das nicht standeswidrig ist!

SCHNITTGER:
Da ist noch völlig ungeklärt, warum die Klinik
weder von der Niederkunft noch von einer angeblichen
Überweisung der Kindmutter – wenn man denn wüßte,
wer die Kindmutter ist! – ins Ausland Papiere anlegte.
Frau Vorsitzende, wollen Sie bitte endlich Herrn
Obervormundschaftsrat und Jugendamt-Amtmann
Arnold aufrufen.

ARNOLD *ist schon nach vorn gekommen; nicht unsympathisch; blond, trocken und geschmacklos wie deutscher Markenzwieback, zögernd sprechend, wenn er nicht «amtlich gedeckt» ist, wie er von allem sagt, was er – zum Beispiel diesen Haftbefehl, den er Einstweilige Verfügung nennt – schriftlich und bestempelt hat:*
Ich bin wie gesagt, bitte sehr,
im Besitz einer Einstweiligen Verfügung
wegen Verdunkelungsgefahr.
Esther Schneider, auf der ersten Zuschauerbank neben Monika Beranek, wirkt alarmiert und flüstert – offensichtlich Arnolds wegen – auf ihre Nachbarin ein …
HEINEMANN, *hat zunächst mit einigem Schrecken – doch das bemerkt nur, wer sie sehr gut kennt – die Einstweilige Verfügung entgegengenommen und vor sich liegen, als sie sich faßt und erleichtert sagt:*
Nehmen Sie doch Platz, Herr Oberamtsrat,
bis Frau Zeugin Ammenmutter
oder Familie Uhlig befragt werden!
Arnold tritt zurück, setzt sich, nicht auf die Zeugenbank, er ist kein Zeuge, sondern unter die Zuschauer.
Ich rufe nun abermals auf die Frau Oberstudienrätin
Esther Schneider, bitte.
Herr Dr. Zilliger hat Zusatzfragen.
Esther, bekannt als eine der Patientinnen, die bereit waren, vor der Ethiker-Kommission auszusagen, ist nun im achten Monat und trägt ihr Enkelkind offensichtlich mit gelassenem Stolz. Sie hat jetzt ein sehr weites, nordafrikanisch wirkendes «Umstands»-Kleid an.
Wollen Sie sich nicht setzen, Frau Zeugin?
ESTHER: Danke – saß bis eben.
ZILLIGER: Bitte noch eine Frage,
die keineswegs nur Ihr Bedürfnis betrifft,
durch – darf ich so sagen – Schwangerschaft
Großmutter zu werden?

Esther *muß lachen*:
Großmutter ist man, dachte ich bisher,
nie anders als durch Schwangerschaft geworden.
Zilliger, *lacht auch, was aussieht, als kriege eine Fensterscheibe einen Sprung*:
Aber selten durch eigene. Nun, da liegen doch,
sagten Sie heute früh,
noch befruchtete Eier Ihrer Tochter
in der Londoner Klinik...
Esther:
Mit ihrem Einverständnis, weil meine Ammenmutterschaft
abermals versucht wird, wenn sie jetzt mißglücken sollte.
Zilliger, *nickt*: Aber beunruhigt Sie nicht,
daß Gen-Manipulateure, Gen-Ingenieure,
wie man schon sagt,
mit diesen Eiern, die genetisch mit Ihnen verwandt sind,
gemeingefährlich experimentieren könnten –
und das vielleicht auch tun –,
sofern diese Eier, ganz unwahrscheinlich, wie man sieht,
nicht noch von Ihnen für eine zweite Ammenmutterschaft
benötigt werden sollten? Macht Ihnen nicht angst, daß...
Esther: Nein, ich vertraue darauf, daß diese Ärztin in England,
an die Dr. Reinbek mich verwiesen hat,
diese Embryonen,
sobald ich mein Enkelkind geboren habe, vernichten wird.
Zilliger: Sie wissen natürlich, was für ungeheuerliche
Gen-Manipulationen schon heute möglich sind?
Esther, *nickt, aber widerspricht dennoch*:
Aber wenn diese Ärztin auf die perverse Idee verfiele,
was hätte sie davon? Sie dürfte ja ihr Verbrechen
nicht einmal öffentlich machen,
sich also damit wissenschaftlich nicht profilieren!
Zilliger: Sie könnte diese Embryos in eine Leihmutter tun
und an Familie Soundso verkaufen.
Esther: Würden wir Ärzten das zutrauen,

kein junger Mensch – ich bin zu alt – dürfte dann mehr
eine Operation an sich machen lassen,
weil er fürchten müßte, ein Horrorfilm-Chirurg
würde ihm ein gesundes Organ stehlen, um es
einem gutzahlenden alten Patienten
für ein abgelebtes einzusetzen.

ZILLIGER: Aber wenn zu einem angeblich guten Zweck
die besamten Eier
dort drüben benutzt würden bei Gen-Manipulationen?

ESTHER, *jetzt energisch angriffslustig*:
Darf ich fragen – und dann würde ich mich
zu weiteren Aussagen nicht bereit finden:
soll jetzt nicht die Arbeit von Herrn Reinbek,
die ich als segensreich für Kinderlose empfinde,
oder für Enkellose – durch Ihr Verhör
in einen diffamierenden Kontext gebracht werden?
Sie sind als Landtagsabgeordneter ein geölter Demagoge
und reden ganz bewußt, weil hier im Gericht Presse ist,
im Reinbek-Prozeß von Gen-Manipulation, damit morgen
nichtinformierte Zeitungsleser irregeführt werden.
Die lesen dann im Prozeßbericht über Mißbräuche,
die Herr Reinbek sich nie hat zuschulden kommen lassen,
nur weil Sie jetzt mit gezielter Unanständigkeit
das hier nicht Hergehörende aufs Tapet bringen...
Nachweislich hat Herr Reinbek, dem dieses Verfahren gilt,
da er immer alle abgesaugten Eier den Frauen wieder zuführt,
doch überhaupt in seiner Klinik keine überzähligen Eier
oder kein Sperma, um Gen-Manipulationen...

ZILLIGER:
Sie irren. Durchaus hat er zum Beispiel nach Aussagen
der Zeugin Beranek... wollen Sie, Frau Vorsitzende, gestatten,
die Zeugin Beranek abermals zu Aussagen zu bitten...

HEINEMANN *ruft auf*: Bitte, Frau Zeugin Beranek,
der Herr Beisitzer hat Zusatzfragen.
Danke, Frau Schneider!

Esther setzt sich.
Monika steht rasch auf, hat offensichtlich auch schon heute früh ausgesagt, denn ihre Personalien werden nicht mehr abgefragt. Ihr Auftreten hat
ZILLIGER *nicht unterbrochen, der fortfährt:*
...hat Herr Reinbek vom abgestürzten Sportflieger
Beranek Sperma auf seiner Samenbank, weil ja Sie sich,
nicht wahr, Frau Zeugin – eventuell weitere Kinder
Ihres verunfallten Gatten durch Herrn Reinbek
künstlich erzeugen lassen,
wenn das Gericht heute dem Angeklagten die Approbation
nicht entzieht.
MONIKA, *so kampflustig, wie sie vor den Ethikern auf Siebenstiehl losging:*
Was soll denn diese Frage?
ZILLIGER: Ihre Aussage aktenkundig machen,
daß durchaus Herr Reinbek
Sperma zur Verfügung hat, um Gen-Manipulationen...
MONIKA, *fällt ihm sarkastisch, ja auflachend ins Wort:*
Ich denke, Sie sind Arzt?
ZILLIGER: Ich bin Psychiater, ja.
MONIKA:
Wie können Sie dann wagen, eine Zeugin mit einer
dermaßen blöden Frage zu belästigen? Jeder Gynäkologe –
das wissen Idioten, wieso nicht einmal Sie, ein Arzt,
wenn denn Psychiater Ärzte sein sollten –
jeder Frauenarzt hat von jeher sich unbemerkt
bei jedem Eingriff ins kleine Becken,
also so oft er wollte, Eier absaugen können,
wenn er es gewollt hätte,
auch befruchtete Eier, behandelt er Patientinnen
einige Tage nach dem Eisprung.
Wie demagogisch in der Tat, Herr Psychiater,
daß Sie hier so tun, als sei Embryo-Transfer
die Voraussetzung für Kriminelle,

sich widerrechtlich Embryos für Gen-Tricks anzueignen!
Frau Vorsitzende, wie's eben schon Frau Schneider sagte,
diese Herren Beisitzer spekulieren bewußt
auf anwesende Zeitungsleute,
damit die morgen Blinde Kuh
mit ihren Lesern spielen und über Gen-Spaltung schreiben,
als habe die Arbeit des Angeklagten irgend etwas zu tun
mit dem, was jeden anständigen Menschen empört!
Natürlich wissen doch sogar diese beiden Psychiater,
daß extrakorporale Befruchtung
nicht erst entdeckt werden mußte,
um einem, der experimentieren will mit Genen,
Zugriff zu befruchteten Eiern zu ermöglichen,
Ärzte könnten doch schon seit langem
Eizellen stehlen, wollten sie die mißbrauchen!
Noch was?
Sie wartet die Antwort gar nicht ab, sondern setzt sich wieder hin; auch sie ist ja hochschwanger.

HEINEMANN, *amüsiert*: In der Tat, meine Herren Beisitzer,
ist der Verdacht schwer abweisbar,
daß Ihre Fragen nach Gen-Abänderungen
hier in diesem Reinbek-Prozeß lediglich die Presse
verwirren sollen.
Herr Zeuge Monsignore Siebenstiehl. Ich rufe Sie auf,
wenn Sie jetzt – ich sehe, Sie melden sich dauernd zu Wort –
schon Neues beitragen können, bitte.

ZURUFER, *der gleiche mit seinem Berliner Mundwerk wie vorhin; bevor noch Siebenstiehl am Richtertisch steht*:
O Gott! Kennte Jesus seine Pfarrer,
wäre er auch nicht mehr in der Kirche!

HEINEMANN: Letzte Verwarnung an den Zwischenrufer!

SIEBENSTIEHL: Wegen des von Frau Weigander geäußerten
Verdachts, das Kind sei tot
– halte ich für nötig auszusagen,
daß ich damals nach der Sitzung der Ethik-Kommission

den Namen Uhlig mitbekam
und Nachforschungen anstellte...

HEINEMANN: Fanden Sie das fair? Sie hatten doch
absolute Verschwiegenheit zugesichert...

SIEBENSTIEHL: An die ich mich ja auch gehalten habe.
Doch als Geistlicher
stehe ich tief verankert in der Problematik
der Güterabwägung und muß Gott mehr gehorchen
als den Menschen und so gedachte ich...

HEINEMANN: Ich dachte, Verschwiegenheit ist unteilbar,
auch für Geistliche!

SIEBENSTIEHL:
Weil Sie nicht religiös denken! Sonst dächten auch Sie,
daß ein in Leihmutter-Fabrikation befindliches Kind
beizeiten überführt werden muß in den Schoß
der alleinseligmachenden Kirche, wie?, wenn schon des Kindes
natürlicher Schoß ein so ganz und gar widernatürlicher,
ja gottloser ist. Und habe ich denn auch mit Hilfe Gottes
Adresse und Telefon ausfindig machen können.

ZURUFER:
So intim mit Gott, daß der ihm Telefonnummern gibt!

SIEBENSTIEHL: Am Telefon war denn auch die Frau,
hörte ich an der undeutschen Ausdrucksweise,
die das Kind austrug.
Als ich ihr sagte, wer da spreche:
lachte sie und rief: Rabbiner ist besser;
sehr geschmacklos, wie? Eben eine Frau aus niederen Klassen:
weil meine Kirche Leihmütter verbiete
– könne sie doch auch deren Kind nicht wollen,
und sie sagte in ihrer heftigen garstigen Redeweise,
ja lachte ganz... ja
kann dieses Lachen nicht anders nennen: schamlos.
Wir aus Kind machen einen Juden, weil Alte Testament
voll Propaganda für Leihmütter. Auf meine Frage,
ob ich sie besuchen dürfe... wozu ich mich mühsam genug

überwunden hatte, sagte sie, nein – fahren nach Hause.
Mithin gebe ich zu Protokoll: dieses Kind,
wenn nicht tot,
dürfte in Serbien untergetaucht ... worden sein.

HEINEMANN *hat ihn mit Ungeduld und Widerwillen angehört*:
Vermutungen also, keine Aussagen: bitte Platz nehmen.
Siebenstiehl ist gekränkt, daß er kein Aufsehen erregt hat – wie man an der Zögerlichkeit merkt, mit der er sich entschließt, seinen Auftritt zu beenden.

QUACKER: Gestatten Frau Vorsitzende noch Fragen
an den Herrn Angeschuldigten?
Sie haben medizinisch experimentiert,
wie es bisher nur einmal in den USA vorkam,
und hätten trotzdem nicht gefragt, wohin Ihre interessante
– für einen Arzt doch zweifellos sehr interessante –
Patientin, in welches Land, sie gehe?

REINBEK: Ich habe nie angegeben, Herr Staatsanwalt,
ich hätte mich dafür nicht interessiert.
Mir wurde von dem entbindenden Arzt Professor
Soundso ...

QUACKER: Den können Sie erfunden haben!

REINBEK:
... könnte, gewiß. Doch hat er mir versichert, wir telefonieren oft,
der Säugling Uhlig sei ein großer Trinker vor dem Herrn,
ein strammer Knabe, vier Kilo, dreihundert Gramm.

ROTENBURGER, *lachender Zuruf*: Tot also kaum!

QUACKER, *in Rage*:
Frau Vorsitzende, hohes Gericht:
ich bitte nicht zu überhören,
sondern zu Protokoll zu nehmen, daß soeben dem Angeschuldigten
der lapsus linguae unterlaufen ist: den Säugling Uhlig zu nennen,
womit er zugegeben hat, daß a):
das Delikt der Kindesunterschiebung stattfand;
und daß er b): davon gewußt hat ...

REINBEK *und nach seinem ersten Satz wendet er sich mit einer Geste zu Jovan*:

Säugling Uhlig sagte ich, weil der Familienname
der Ammenmutter mir entfallen war. Entschuldigen Sie,
Herr Petrović.
Darf ich, da ich ja auf einen Anwalt verzichtet habe,
Frau Vorsitzende um eine Rechtsmittel-Belehrung bitten:
Können uns nicht die Eltern Uhlig anzeigen, weil wir
die Aussage einer Denunziantin benutzen, um hier
öffentlich ihr Privatleben zu erörtern?

QUACKER, *so scharf wie ratlos*:

Die Uhligs, Herr Dr. Reinbek, wie Sie sehr wohl wissen,
sind überhaupt keine Eltern, denn kein Jugendamt
hat ihnen jemals ein Kind zugesprochen!
Ein Kind hat allenfalls die Frau,
die Sie überredet haben, Leihmutter zu werden,
auch deren Mann hat ein Kind, aber…

JOVAN, *so laut wie verletzt*:

Danke – konnte meine Kinder selber machen!

QUACKER, *aggressiv*:

An Ihrem Können, Herr… ah – Petrović, hat das Gericht
nicht gezweifelt – aber dies ist nun einmal Ihr Kind,
ob Sie…

JOVAN, *steht auf*:

Wieso mein? Ist Samen von Herr Uhlig,
ist Ei von Frau Uhlig.

QUACKER, *mit ausgeprägter Quälsucht*:

Sollte Ihre Gattin das Kind nicht behalten,
weil offenbar Sie es als unehelich ablehnen,
verbringt das Jugendamt das Kind ins Waisenhaus.
Zweifellos wird es dafür büßen,
daß Sie sich haben überreden lassen
– und steht ja zu vermuten, daß Sie erhebliche Vorteile
schäbig materieller Natur davon hatten –,
dem wissenschaftlichen Ehrgeiz Dr. Reinbeks

zu willfahren. Es kann ja, hohes Gericht, kein Zweifel sein,
daß der Angeschuldigte das alles nur getan hat
aus Profilsucht und zur Befriedigung
männlicher Allmachtphantasien.
Unbefristete Entziehung der Approbation
kann nur deshalb die einzige Sühne sein, weil wir
Haftstrafen noch nicht verhängen dürfen...

ZURUFER: Wie schon im Freistaat Bayern!

QUACKER: Haft, wie sie allein angebracht wäre gegen
diese, wie soll ich definieren: ja fortgesetzte,
vorsätzliche, gleichsam fleischliche Urkundenfälschung
in Tateinheit mit Landflucht zum Zwecke, jawohl,
der Verdunkelung eines Kinderhandels.

HEINEMANN, *ultimativ, schärfer als bisher; schon zweimal hat sie vergebens mit dem Bleistift auf den Tisch gestoßen, um Quackers Drohlust und Redewut einzudämmen*:
Herr Landesanwalt, ich protestiere. Haben Sie
irgendein Indiz, das Kind sei nicht
in den Händen seiner natürlichen Mutter?

QUACKER, *schreit; zeigt demonstrativ auf Jovan Petrović*:
Aber wer ist denn seine natürliche!
Sein Vater hat ja soeben expressiv verbis
abgelehnt, a) derselbe zu sein; b) derselbe sein zu wollen!
Leiser, total ratlos, flüsternd zuletzt:
Wer ist denn um Gottes willen seine Mutter,
wenn die, die ihn trug, gar nicht verwandt ist mit dem Jungen.
Wie kann es ein Kind geben, das nicht verwandt ist mit der Frau,
die es neun Monate trug...
ein solches Kind gibt es doch laut Gesetz überhaupt nicht!

HEINEMANN:
Herr Landesanwalt, die Gesetze sind für Kinder da,
aber nicht Kinder dafür, daß sie Ordnung
in unzulängliche Gesetze bringen.

QUACKER: «Unzulänglich»? Frau Vorsitzende, ich drücke

meinen Abscheu aus,
daß Sie als «unzulänglich» Gesetze denunzieren,
mit denen die Justiz
seit Menschengedenken sehr gut gefahren ist...
ich kann nur bekräftigen:
nicht nur gegen die medizinische – mehr noch,
mehr noch, jawohl: gegen die juristische Ethik
liegt hier seitens des Angeschuldigten ein Verstoß vor,
dem die schneidende Verachtung
unserer freiheitlich demokratischen
Grundwerte zu... ja... zu Füßen liegt, zugrunde liegt,
...ins Gesicht geschrieben steht wollte ich sagen.

HEINEMANN:
Herr Landesanwalt, Ihre Bemerkung – wörtlich:
laut Gesetz gibt es ein solches Kind gar nicht,
ist nicht nur von deprimierender Komik,
sondern beweist, daß juristische Denkweise
einen Menschen – Sie nämlich – so weit vom Leben,
vom Alltag entfernen kann, daß er den Baum
– den Einzelnen – vor lauter Wald nicht mehr sieht.
Und als hätte sie die eingangs zitierten Sätze von Eva Maria von Münch gestern in «Die Zeit» gelesen, sagt sie wörtlich wie ihre Hamburger Kollegin:
Ein Kind zu bekommen, unter welchen Umständen
auch immer, kann gar nicht unmoralisch sein.
Ehepaare werden subventioniert, damit sie sich's
leisten können, wieder mehr Kinder zu bekommen.
Sterile aber, die den Weg über eine Leihmutter suchen
– suchen müssen – werden kriminalisiert, ja,
die Leihmutter soll ins Gefängnis: wo bleibt da
die Logik? Hier handelten Menschen,
weil einem Arzt Neues einfiel, Helfendes,
das der Gesetzgeber noch nicht regeln konnte,
weil er sowenig wie wir alle wußte,
dies könne es geben – und nun wollen Sie,

Herr Landesanwalt, diese Menschen bestrafen,
weil es noch keine Regeln gibt, denen
diese Menschen ihr Handeln anpassen konnten:
absurd!

QUACKER, *schreit sie an*:
Wer angesichts dieses Chaos kein Regelungsbedürfnis
– auch nur verspürt, wie Sie keines verspüren:
hat sicher seinen Beruf verfehlt, wenn er Jurist ist.
Sich für einen Juristen hält, meine ich!

HEINEMANN:
Wo das Gesetz mit der Menschlichkeit kollidiert
– soll das Gesetz sich anpassen,
nicht die Menschlichkeit. Mit der ist es
wie mit der Freiheit: nicht sie muß sich
rechtfertigen, sondern jene,
die sie durch Gesetze einschränken.

QUACKER: Man schränkt nicht die Freiheit ein,
sondern unterbindet ihren Mißbrauch,
wenn man die Technik künstlicher Besamung,
die schon an sich amoralisch ist...

HEINEMANN:
Keineswegs amoralischer als ein künstliches Bein!

QUACKER: Jawohl, wenn man die wenigstens beschränkt
auf Verheiratete, die...

Der grünbemützte und grünberockte Gerichtsdiener, einarmig, ist an den Richtertisch getreten und hat einen Zettel vor die Vorsitzende gelegt, schon zu Beginn der Auslassungen des Landesanwalts.

HEINEMANN, *der es offensichtlich schwerfällt zu bemänteln, daß sie komisch findet, was sie ankündigen muß*:
Meine Herren Beisitzer, Herr Landesanwalt, ich erfahre,
die als Zeugen angekündigten Eheleute Uhlig
samt Ammenmutter seien eingetroffen
– und können uns helfen, die Stichhaltigkeit
der Anzeige der Frau Weigander zu prüfen...

Längst ist der Gerichtsdiener auf dem Flur gewesen und hat – in dieser Reihenfolge – Lisbeth, Sonja, Uhlig hereingeführt; Uhlig trägt eine tomatenrote Tragetasche, groß genug, noch einem gut zweijährigen Kind Platz zu bieten. Während die Eintretenden wortlos nicken, von Scheckl zur Zeugenbank geführt werden, ein wenig gerichtsbefangen, sagt die Richterin, der niemand anmerkt, daß sie Uhlig kennt:

Guten Tag. Vermute ich richtig: Familie Uhlig
zur Zeugenaussage mit ihrer
Ammenmutter, Frau … Petrović.

Sie hat den Nachnamen Sonjas nachsehen müssen; man müßte intim mit ihr sein, um zu sehen, daß ein Schatten, ein Schrecken über ihr Gesicht läuft, als

UHLIG, *seine Tragetasche vaterstolz (und vaterdumm) hoch emporhaltend, gut gelaunt weil ahnungslos hinzufügt:*
Nicht zu vergessen den Zeugen Bernd Uhlig …

HEINEMANN: Schläft der junge Mann in der Tasche?
Ich hoffe, die vielen Leute hier wecken ihn nicht.

Erst jetzt nicken Uhligs dem Angeschuldigten zu; demonstrativ reicht Uhlig Reinbek die Hand; siezt ihn aber, wie abgemacht.

UHLIG: Hätte Sie lieber außerhalb eines Gerichts
wiedergesehen.

Reinbek, aufgestanden, hat auch den beiden Frauen seine Hand hingestreckt, wortlos.

SCHNITTGER *sagt sehr rasch*:
Frau Vorsitzende, endlich ist hier Gelegenheit,
in der Person der Frau Uhlig einmal eine Zeugin zu hören,
die nicht wie die schwangeren Frauen Beranek
und Schneider austragen kann, sondern
… jahrelang oder doch ein Jahr lang
von dem Angeschuldigten vergebens mit Hormonen
und allen sonstigen ärztlichen Techniken
vergebens bearbeitet wurde, um schwanger zu werden.

Darf ich...

HEINEMANN: Ja, Frau Uhlig, wollen Sie aussagen?

LISBETH:

Selbstverständlich, wenn ich auch die Formulierung:
«bearbeitet» worden, wenig glücklich finde...
alle Initiative, betone ich, ging von mir aus;
nicht von meinem Mann, nicht von Herrn Reinbek;
ich wollte meiner Freundin Petrović ersparen,
unser Kind austragen zu müssen.

SCHNITTGER, *er lehnt sich zurück, hat einen ex cathedra-Ton. Jene seiner Sätze, die hier in Anführungsstrichen stehen, sind wörtlich von Professor Peter Petersen, der in Hannover einen Lehrstuhl für Psychotherapie innehat, in der «Basler Zeitung» vom 29. Juni 1988 geschrieben worden:*

Frau Zeugin, ich habe mich aus den Akten informiert,
daß Sie zuerst Lehrerin, dann meine Kollegin insoweit
waren, als Sie Psychologie studiert haben
...Sie sind also im Bilde,
‹daß wir heute aus sozialmedizinischen
Untersuchungen wissen, daß zwischen 16 und 50 Prozent
aller Krankheiten durch Eingriffe der modernen Medizin
verursacht oder mitbedingt sind›?

LISBETH:

Ich kenne diese Behauptung, doch keinen einzigen Psychiater,
der auch nur versucht hätte, sie zu belegen... ich halte sie
für eine frei erfundene maßlose Übertreibung.
Ich selbst bin steril ja auch
nach einer Operation geworden – ich würde
aber doch dem damaligen Arzt nicht anhängen,
zu sagen: durch seine Operation.
Die war nötig, führte zu meiner Sterilität,
und doch wäre es eine Verleumdung des Arztes
zu sagen, er – nicht meine Krankheit –
habe meine Sterilität verschuldet,
Ich halte also Ihre Behauptung, fünfzig Prozent

aller Krankheiten kämen durch Ärzte,
für ebenso anmaßend wie die Behauptung,
Psychiater und Theologen seien Wissenschaftler.

SCHNITTGER: Wenn Sie mir nicht glauben, Frau Zeugin,
Descartes werden Sie für seriös halten,
‹der den Menschen als eine hochkomplizierte Maschine
sieht – dementsprechend die ungewollt kinderlose Frau
als eine (bio-psycho-soziale) Fruchtbarkeitsmaschine,
die durch hochspezialisierte chirurgische, biochemische
und psychologische Eingriffe in einer meist monatelangen
harten, extrem spannungsgeladenen Prozedur manipuliert wird
– ihr Partner wird zum Samenzuträger degradiert,
indem er Sperma gegebenenfalls mit Hilfe pornographischer
Reize im Masturbationsraum auszustoßen hat›...

LISBETH: Wo steht das bei Descartes?
Wir meinen wohl beide jenen Franzosen,
der im 17. Jahrhundert lebte. Wollen Sie dem Gericht
nicht mitteilen, wo Descartes geschrieben hat,
was Sie zitieren? Der Mensch
eine Fruchtbarkeitsmaschine, Kinderlose wie ich
eine bio-psycho-soziale Fruchtbarkeitsmaschine,
die manipuliert wird durch biochemische...

SCHNITTGER, *verlegen*:
Nein, das hat Descartes nicht gesagt, sondern...

LISBETH: Was! Das haben Sie doch eben vorgetragen,
jedes Wort, und sogar Ihre Verlautbarung
über masturbierende Männer – haben Sie doch hier
Descartes in den Mund gelegt...

SCHNITTGER: Das habe ich nicht, sondern...

LISBETH, *schroff*: Was wollen Sie mich fragen?
Wollten Sie nicht mir Fragen stellen...
warum sprachen Sie über Masturbierende, zum Beispiel?

SCHNITTGER:
Stimmen Sie mir nicht zu: ‹Menschwerdung, Empfängnis...
ist durch hochgradige Intimität der Partnerschaft

geschützt, sie kann nur durch intensive
leib-seelische Sensibilität, auch Sexualität
gewahrt werden›: nun vergleichen Sie damit,
welche armselige Rolle Sie bei der Zeugung
Ihres Sohnes Ihrem Mann aufgenötigt haben?

LISBETH: Er schlief mit mir wie immer – nur daß er nicht
wie vor unserer Ehe in ein Präservativ, sondern jetzt
in einen Samenbecher ejakuliert hat.
Ohne Verlegenheit, sachlich, souverän
Da Sie schon fragen und hier der Wahrheit
gedient werden soll: es war sehr schön
und erregend zu wissen, aus diesem Ejakulat
wird nun unser Kind!
Doch warum sprachen Sie von Descartes?
Weil Sie zur Sache nichts vorzubringen haben?
Nichts, das geeignet ist zu denunzieren, was Dr. Reinbek
zum Glück für meine Ehe und das Kind getan hat,
indem er ermöglichte, daß es lebt?
Frau Vorsitzende, mir fehlt die Lust
– habe ich die Pflicht, weiterhin einzugehen
auf die Albernheiten Ihres Beisitzers?

HEINEMANN: Es gibt keinen Zwang zu Aussagen über
Ihr Intimleben, danke, Frau Zeugin...

LISBETH *tritt schon einen Schritt zurück, da besinnt sie sich und sagt:*
Darf aber auch ich eine Frage stellen ... dem Gericht!
Mit dieser Betonung: dem Gericht – will sie sagen, nicht diesem Schnittger; und fährt fort, da Frau Heinemann ihr zugenickt hat:
Ich frage, hat es irgendwo, irgendwann in der Geschichte
schon eine Gesellschaft gegeben,
die einen Arzt, eine Amme deshalb verfolgt hat,
weil die ermöglicht haben, daß ein Kind
zur Welt kam und zu trinken hatte?
Herr Reinbek und Frau Petrović haben immerhin

ein Menschenleben ermöglicht: wurde irgendwo,
irgendwann eine solche Tat je verfolgt wie hier?
Wir wissen doch aus dem Alten Testament,
daß Ersatzmütter üblich waren:
wurden die anschließend gesteinigt?
Wurde ein Arzt, der irgendwo zuerst
einen Kaiserschnitt machte, hingerichtet?
Dies meine Frage – danke!
Sie setzt sich rasch neben ihren Mann.

SIEBENSTIEHL, *schreit, dankbar, etwas sagen zu können:*
Hagar wurde sehr wohl verstoßen in die Wüste,
als sie nach unehelicher Unzucht mit Abraham
der unfruchtbaren Sarah den Ismael geboren hat.

HEINEMANN, *lachend:*
Ein Eigentor, Herr Theologe: eindeutig
verurteilt das Alte Testament die Verstoßung
dieser Leihmutter ... die gerettet, gesegnet wird.

QUACKER – *man sieht schon lange, er kann nicht mehr erwarten, endlich «zuzuschlagen», da ihm schon der fette Bissen entgangen ist, wegen Tod des Kindes hier dramatisieren zu können, was bisher für seinen Geschmack allzu glimpflich verläuft:*
Gestatten, Frau Vorsitzende, Einsichtnahme
in Personalpapiere der Zeugen,
auch des Herrn... Säuglings? Wollte sagen: des Säuglings!
Ich verbitte mir zu lachen.

HEINEMANN, *wieder auf ihrem Gesicht dieser Schlagschatten eines Erschreckens; sehr energisch, auch mit Handbewegung, Quacker solle sich setzen:*
Nein, gestatte ich Ihnen durchaus nicht.
Dieses Gericht tagt nicht, um den Personalien
eines Neugeborenen nachzugehen, sondern soll klären,
ob das Verhalten Dr. Reinbeks rechtfertigt,
die von der Landesärztekammer beantragte
Aberkennung seiner Approbation...

SCHNITTGER: ... die natürlich erst recht fällig würde,
sollte sich herausstellen, daß der Angeschuldigte
auch noch der Urkundenfälschung schuldig ist.
HEINEMANN: Der Knabe, da in Brüssel geboren,
kann ja nicht durch Dr. Reinbek
beim Standesamt gemeldet worden sein!
Weder mit falschen noch mit wahren Angaben.
Zum erstenmal braust sie auf
Ich ersuche noch einmal alle Beteiligten dringend,
sich auf den Verhandlungsgegenstand zu beschränken.
Dies ist weder ein Strafgericht
noch ein Vormundschaftsgericht,
sondern ein Berufsgericht, dessen alleiniger
Verhandlungsgegenstand das Verhalten
Dr. Reinbeks als Arzt ist!
QUACKER, *nicht eingeschüchtert, sondern mit dem Versuch einzuschüchtern*:
Es ist, Frau Vorsitzende, schlechterdings
nicht glaubhaft – ja, leider muß ich sagen:
nicht glaubhaft, daß Sie nicht sehen,
wie doch des Angeschuldigten Verhalten als Mediziner
gar nicht zu trennen ist von der hier offenbar
stattgehabten Kindesunterschiebung.
Schon daß Dr. Uhlig dieses Kind mitnahm
ins Ausland und jetzt nur damit herkommt, um...
UHLIG, *redet einfach dazwischen*:
Mein Kind war nicht im Ausland, sondern
mit seiner Ammenmutter hier auf unserem Hof!
QUACKER: Ich muß, Frau Vorsitzende, darauf bestehen,
den Papieren des Säuglings mindestens insoweit
nachgehen zu dürfen, bis geklärt ist,
daß der Angeschuldigte an dieser Urkundenfälschung
nicht mitschuldig wurde.
Hat dieses Kind überhaupt Papiere?
UHLIG: Ich habe Geburtsschein und Personalausweis

für meinen Sohn. Ordnungsgemäß – hier.

Uhlig händigt sie nun aus. Merkwürdig, wie auch ihm das blöde Wort «ordnungsgemäß» über die Lippen rutscht, ironielos, vollautomatisch, weil er von amtlichen Papieren spricht.

QUACKER *hat mehr zugeschnappt als zugegriffen, ein Blick und er schreit und wirbelt mit seinem zu weiten Talar:*
Sagte ich's doch, sagte ich's doch: Bernhard Uhlig!
Vollendete Kindesunterschiebung in Tateinheit
mit Urkundenfälschung! Geboren in Brüssel.
So rasch kann ja auch dort ein Adoptionsverfahren
niemals durchgeführt worden sein,
auch ein belgisches nicht – unmöglich.

UHLIG *springt jetzt hinzu, als begreife er endlich, wie gefährlich die Situation für sein Kind hier ist – doch begreift er das keineswegs, er ist nur aufgebracht durch den Vorwurf einer ungesetzlichen Handlung. Erst als Quacker nicht ihm die Papiere zurückgeben, sondern sie an Arnold weiterreichen will, der nach vorn gekommen ist und seinerseits aus der Rocktasche einen blauen Brief hervorzieht, als sei das ein Haftbefehl – und das ist er in der Tat: eine Anordnung, sich des Kindes zu bemächtigen –, wird endlich Uhlig ganz gewahr, daß er in Deutschland ist, also in Feindesland, was die Gerechtigkeit betrifft! Er reißt nun Quacker die Papiere aus der Hand – in dem Moment, als Arnold zugreifen will, den Uhlig mit angstgeladenem Erstaunen anguckt:*
Mir, meinem Sohn gehören diese Papiere!
Wem wollen Sie die aushändigen?
Wer sind Sie, darf ich wohl fragen –

HEINEMANN, *ganz entschlossen, hier das Schlimmste zu verhindern, das sie ja hat kommen sehen, reagiert rascher als selbst Arnold und ruft mehr als sie spricht:*
Platz nehmen, bitte – bitte doch Platz zu nehmen,
auch der Vertreter
von Jugendamt und Vormundschaftsbehörde... bitte,

auch Dr. Uhlig und Herr Landesanwalt –
Platz zu nehmen! Unmöglich können wir hier,
dürfen wir auch nur das Verfahren
gegen den Angeschuldigten dazu benutzen,
eines gegen den Säugling Uhlig zu eröffnen…

QUACKER, *schreit*:
Der heißt nicht mal Uhlig! Der heißt Petrović!
Uhlig ist eine Fälschung!

UHLIG: Ich werde Sie anzeigen, Sie… Quacker oder wie Sie
heißen, für diese Verleumdung!

ARNOLD, *schüchterner als aggressiv, aber doch schon mit ausgestreckter Hand und aufgesetzter Brille; Mensch wie Amtmann sind jetzt besessen von der Gier, die Papiere «einzusehen», so daß er der Vorsitzenden gar nicht mehr zugehört hat*:
Darf auch ich endlich Einsicht nehmen
in die Papiere Ihres sogenannten Sohnes?

UHLIG: Sie dürfen mich nicht einmal im Arsch lecken!
Wer sind Sie eigentlich? Sie «sogenannter» Mensch!

HEINEMANN, *sehr verstimmt*:
Herr Dr. Uhlig, bitte: wollen Sie mich zwingen,
Ihnen eine Ordnungsstrafe aufzuerlegen?
Ich lasse den Saal räumen!
Setzen auch Sie sich. Auch ein Landesanwalt darf nicht
der Vorsitzenden eines Gerichts andauernd ins Wort fallen
und ein Gerichtsverfahren innerhalb
eines Gerichtsverfahrens nach eigener Willkür eröffnen.

QUACKER, *hat sich gesetzt, zurückhaltender, immerhin*:
Aber der Angeklagte Reinbek hat doch dies alles
verschuldet, durch ordnungswidrige Besamung
der Leihmutter Petrović…

REINBEK: Ich habe Frau Petrović keineswegs besamt,
auch nicht künstlich. Sie sind, Herr Landesanwalt,
nicht einmal über die medizinische
Behandlungsweise im Bilde… ich habe das Ei von Frau

Uhlig besamt mit dem Sperma ihres Ehemannes.
Frau Petrović trug ein Kind aus, das so wenig ihr leibliches ist,
wie Sie mit ihr verwandt sind...
Er hatte bei «Sie» – auf Quacker gezeigt. Dann setzt er sich.

QUACKER, *sehr scharf; er ist wieder aufgestanden, tritt nun zwischen Zeugenbank und Richtertisch; er freut sich, sein Lachen ist so anheimelnd, als wenn ein Schakal Pfötchen gibt:*
Nun ja, der Herr Obervormundschaftsamtmann Arnold
trägt ja bereits eine vorsorglich schon Monate vor der
Geburt erlassene Einstweilige Verfügung des Amtsgerichts
gegen das mit unbekanntem Zielort entwichene
Ehepaar Uhlig bei sich...
Zu Uhlig mit Hohn übersetzend, während Arnold wieder aufsteht in seiner Bank und den «blauen Brief» hervornimmt:
...die im Eilverfahren
sofortige Überstellung des Kindes ans Jugendamt anordnet,
welche bisher nicht vollstreckt werden konnte,
weil der Angeschuldigte vorsätzlich
kein Krankenblatt angelegt hat.

LISBETH *schreit, aufgestanden:*
Mein Kind – dem Jugendamt? In ein Heim?
Sie sieht aus, als müsse sie losheulen.

HEINEMANN: Beruhigen Sie sich.
Herr Landesanwalt, nichts von dem, was Sie vorbringen,
gehört in dieses Verfahren.

QUACKER *erläutert mit Lust:*
Bis zu einem Entscheid jedenfalls wird das Kind
überstellt in ein Waisenhaus,
damit in Ruhe ein Gericht klärt –,
sein Hohn nimmt zu, als er «Ruhe» sagt
wer es adoptieren darf, sofern jemand überhaupt
ein solches Kind haben will, sonst verbleibt es im Waisenhaus.

LISBETH: Dieser Kidnapper!

QUACKER: Frau Vorsitzende, dieses Kind, und das ist
die Schuld der so sittenwidrigen wie widernatürlichen Tat
des Arztes Reinbek,
dieses Kind wird, ohne Papiere, nie seinen Platz finden
in einer Welt, die nun einmal Ordnungsprinzipien...

LISBETH, *ein Schrei – und dann haut sie zu*:
«Ordnungsprinzipien»!
Ein Schreckschrei, ganz kurz. Quacker torkelt, stolpert, fällt auf den Boden vor die Zeugenbank, denn die «Ohrfeige», die Lisbeth ihm gegeben hat, war ebenso gezielt wie brutal. Diese Bäuerin hat ja gelernt, geilwilde Bullen mit einem Handkantenschlag zwischen die Augen daran zu hindern, nach Kühen zu beißen, die da stehen, um von den Bullen besprungen zu werden. Und genau mit einem solchen Schlag hat sie das vorlaute Männchen stillgemacht und hingestreckt. Quacker rappelt sich auf unterm nicht artikulierten Geraune der befriedigten Zuschauer. Rotenburger hilft ihm, er ist als erster Arzt bei ihm, dann kommt Zilliger dazu.

ZURUF DES BERLINERS:
Der Hieb hätte'n Eiffelturm umjeschmissen!
In Panik ist auch Scheckl, der noch nie gesehen hat, wie ein Staatsanwalt zu Boden geschlagen wird. Er nimmt sich der zertretenen – von Quacker selbst zertretenen – Brille an, die dem Oberstaatsanwalt von der Nase flog und nun von dem Polizisten eingesammelt wird, denn sie ist entzwei und entglast. Ganz rasch, weil ein Lachen besser verbergen kann, wer etwas sagt – sagt die Vorsitzende

HEINEMANN: Frau Zeugin, ich verurteile Sie auf der Stelle
zu einer Ordnungsstrafe von 300 Mark,
ersatzweise vier Tage Haft.
Sie müssen noch vor Verlassen des Gerichts
auf der Gerichtskasse,
Zimmer 337, diese 300 Mark einzahlen,
mindestens eine Anzahlung leisten, sonst...

nehmen Sie diese Strafe an?

LISBETH *hat sich gebückt und hilft Quacker aufzulesen, aber der macht sich erbittert von dieser Helferin los*:
Ja, sehr gern.

QUACKER, *schreit*:
Dies kostet Familie Uhlig nicht 300 Mark,
sondern ein widerrechtlich angeeignetes Kind!
Dann kann er nicht mehr schreien, weil das Blut so stark aus der Nase rinnt, daß er, Taschentuch auf dem Gesicht, das Gesicht zur Decke gereckt, hinaus muß... geleitet am Arm vom Einarmigen. Das Kind kräht auf, als habe es etwas abbekommen, kräht laut, nun schreit es machtvoll. Quacker blutet so stark aus der Nase, daß sein Taschentuch schon durchgeblutet ist; der Polizist führt ihn, weil Quacker blind tappt; er kann ohne Brille nicht sehen. Der Polizist hält die Teile der zertretenen Brille vorwurfsvoll hoch...

HEINEMANN, *klingelt mehrfach, ruft*:
Ruhe, bitte um Ruhe.
Kühlen Sie – Wasser ist links, links, dann rechts.
Wie konnten Sie dermaßen zuschlagen, Frau Zeugin?

UHLIG: So darf auch kein Mann zu einer Mutter sprechen!

LISBETH, *für die Echtheit ihrer zur Schau getragenen Zerknirschung kann der Autor nicht garantieren; sie wendet sich auch den Zuschauern zu, nicht nur den Richtern, während sie beteuert*:
Tut mir so leid, aber ich schlage niemals Menschen,
immer nur Bullen und –

HEINEMANN:
«Bullen»? Was haben Sie zu tun mit der Polizei?

LISBETH: Nein, bin Kuhzüchterin – Bullen schnappen
nach Kühen, beißen die auch, bevor sie drauf dürfen
und dann muß man sie mit so einem Handkantenschlag
den zeigt sie
zwischen die Augen oder auf die Nüstern

ausnüchtern... damit sie die Kühe nur bespringen,
aber nicht beißen. Und so...
entschuldige mich, so ein Schlag ist mir da eben passiert.

ZURUFER, *dreckiges Lachen*: Ist wohl d e m passiert!

ZILLIGER, *Lisbeth verabscheuend*:
Wie betäubt. Sicher das Nasenbein gebrochen.

HEINEMANN *allein weiß hier, in welcher Gefahr das Kind durch Arnold als Vertreter des Jugendamtes ist... so sagt sie energisch und geistesgegenwärtig*:
Wir müssen leider unterbrechen, bis
Herr Landesanwalt... wieder mitwirken kann.
Lächelnd: Und bis der jüngste Zeuge gestillt ist.
Wir unterbrechen, meine Damen und Herren,
für eine Viertelstunde.

SONJA, *hat laut in den Saal gerufen, sie hat den Jungen aus der Tasche an eine ihrer Brüste genommen und bereits ungeniert eine königlich pracht-«volle» Brust entblößt*:
Ja, er hat soo Hunger!

LISBETH, *und sie meint ihre eigene*: Er hat so Angst.

HEINEMANN, *aufgestanden, noch am Richtertisch, alle sollen hören, was sie anordnet*:
Frau Zeugin, gehen Sie doch bitte hier auf dem Gang
in Zimmer acht. Dort können Sie das Kind stillen.
Ich unterbreche bis zehn nach zehn die Verhandlung.
Sie steht auf und kommt vom Richterpodest herab, alle Leute im Saal stehen auf und drängen klowärts oder zu Gesprächen und zum Rauchen auf den Flur. Noch hörbar für andere sagt – laut der Vorsitzenden zurufend, die das gar nicht interessiert

ARNOLD *und ab*: Ich kümmere mich um den Verletzten!

SCHNITTGER, *der Arnold folgt*:
Der muß ins Krankenhaus.

HEINEMANN: Darf ich den Erdenbürger sehen?
Sie geht rasch zwischen den Aufstehenden und Hinausgehenden und Umherstehenden ganz nach vorn an die

Rampe, wo auch Lisbeth und Sonja sind, und sagt laut:
Bitte hier links, dann sofort rechts: Zimmer acht.
Da haben Sie Ruhe...
gehen Sie mit, Frau Uhlig.
Dies sagt sie zu Lisbeth. Sie hat sich umgewendet und überzeugt, daß Zilliger und Schnittger und Arnold, die im Hinausgehen sind, sowenig mithören wie Siebenstiehl oder andere, außer Reinbek, der das Kind begutachtet, und außer Uhlig. Jetzt flüstert sie hektisch:
Abfliegen, sofort, in dieser Stunde – weg, nur weg!
Sofort weg mit dem Kind – ins Ausland!

UHLIG *zu Lisbeth*: Hast du Geld? Flieg sofort, egal wohin.

HEINEMANN *angstbedrängt*:
Oder hier in der Stadt zu Freunden!

UHLIG, *nimmt seinen Paß aus der Brieftasche, die er dann seiner Frau übergibt*:
Hier Geld und die Papiere des Jungen.

HEINEMANN:
Ich kann Sie vor dem Jugendamt nicht schützen,
verrückt, mit dem Kind herzukommen!
Fliegen Sie sofort!

UHLIG, *gibt Jovan Autoschlüssel, sagt zu Lisbeth und zu ihm*:
Sobald Sonja gestillt hat, gehst du vors Hauptportal.
Du wartest da, Jovan, mit laufendem Motor. Flughafen.

HEINEMANN, *laut wieder, während Jovan, Sonja mit Kind und Lisbeth vorangehen*:
Zimmer acht –
Ich zeige es Ihnen.
Flüsternd wieder zu Lisbeth, die blaß entsetzt ist
Die Amme muß hierbleiben bis zum Nachmittag.
Das Kind muß sofort weg.
Sie nimmt die Tasche, die da auf der Bank stand. Hat ganz laut noch einmal
Zimmer acht

den abgehenden Sonja mit Kind und Lisbeth zugerufen und flüstert wieder, dann auch ab, Uhlig zu, der die Mäntel nehmen will:

... um Gottes willen, hierlassen die Mäntel!

Denn die Mäntel liegen, wo man saß, auf der Zeugenbank, und da sollen sie liegen bleiben. Jetzt sind Reinbek und Uhlig im Vordergrund, ihnen folgt mit Abstand Rotenburger, der das zuletzt Geflüsterte mitbekommen hat.

REINBEK, *sich auch umsehend, ob niemand mithört, ehe er rasch fragt; Jovan steht noch neben ihm*:

Warum, um Gottes willen, habt ihr das Kind mitgebracht?

UHLIG: Ja, wenn man dir anhängt, es sei tot!

Und seine Papiere stimmen doch. Ich bleibe:

Jovan...

JOVAN:

Stillen dauert – dann erst. Nicht alle so plötzlich fortlaufen.

ROTENBURGER: Papiere sind keine Sicherheit.

UHLIG: Ich bleibe, damit keiner merkt, daß Lisbeth abfliegt.

REINBEK: Kann denn eine Einstweilige Verfügung euch den Jungen wegnehmen?

ROTENBURGER, *immer sichern alle ab, ob jemand zuhört, doch der Saal hat sich fast völlig von Zuschauern geleert*:

Scheint die Heinemann zu befürchten, ich spürte ihre Angst, als Sie ankamen mit dem Jungen.

REINBEK *verzieht sich, sein Butterbrot aus der Tasche nehmend, in den Hintergrund*:

Ich darf, glaube ich, nicht reden mit euch...

Zeigt auf Rotenburger.

ROTENBURGER: Mit mir doch – oder? Herr Kollege Zilliger, darf denn ich als Zeuge reden mit dem Angeklagten?

Sie als Beisitzer sicher nicht.

ZILLIGER, *der zurückgekommen ist, seine Feindschaft gegen Reinbek ist spürbar, aber er ist doch auch Arzt und daher bemüht um «Verständnis»*:

Setze voraus, daß auch ich als Beisitzer

Kollege Reinbek nicht meiden muß.
Er ißt! Wer ißt – ist gelassen.

REINBEK, *ruft aus dem Hintergrund, wo er allein sitzt und kaut*:
Leider eine optische Täuschung, esse nie zu dieser Zeit,
also heute aus Hysterie.

ZILLIGER *gönnerhaft*: Sagen wir Nervosität.
Einen tollen «Zuschlag», Herr Uhlig,
hat Ihre Frau, das Nasenbein ist hin!

UHLIG, *ohne Triumph; wiederholt*:
Traurig, ja. Aber wer das zu einer Mutter sagt...
Damit geht er Jovan nach, der auch den Gerichtssaal verlassen hat. Rotenburger und Zilliger folgen in einigem Abstand, allein bleibt der essende Reinbek im Hintergrund oder in der Bühnenmitte; ruft jetzt Monika und Esther zu, die auf dem Flur umhergehen und sichtbar werden, da ja die zweiflügelige Saaltür offensteht –

REINBEK: Ach, Sie beide – kann ich Ihnen herzlich
danken für Ihre Aussage!
Sie kommen in den Saal, sie kommen zu ihm. Und Zilliger sieht sie und macht, daß er sich nach links zurückzieht; man sieht ihn erst wieder, wenn er – offenbar durch die nicht sichtbaren Reihen hindurchgegangen – an der Saaltür im Hintergrund auftaucht und wie Rotenburger dem Pissoir zustrebt. Ab, beide.

ESTHER *ruft, indem sie nach vorn kommt*:
So gern ich für Sie ausgesagt habe
– ist ja ganz selbstverständlich –, so dumm war ich –
sie überzeugt sich, daß sonst niemand da ist
– unentschuldbar dumm,
es in Gegenwart dieses Jugendamt-Bonzen zu tun,
der verfolgt doch jetzt meine Kinder ebenso
wie die Uhligs...

REINBEK:
Wenn ihr es macht wie Uhligs, kann er euch auch nichts tun.

MONIKA: Na, offenbar kann er – oder warum ist Frau Uhlig vorhin,
als brenne das Gericht, getürmt mit ihrem Kind?
REINBEK: Sind die gut weggekommen?
ESTHER: Wer hätte denn gedacht,
daß der eine Einstweilige Verfügung hat...
Meine Tochter kann in England vorerst bleiben,
ich muß ja nach Deutschland, hätte aber doch
auch gern gestillt...
REINBEK *zu Monika*: Gebe Ihnen
die Brüsseler Anschrift des Gynäkologen,
der die Entbindung gemacht hat und jetzt das Sperma
Ihres Mannes aufbewahrt, für den Fall,
Sie wollen noch einmal...
MONIKA: Das haben Sie nach Brüssel geschickt?
REINBEK:
Sicher! – sicher ist doch in der BRD nichts mehr.
Vielleicht kommt die Vernichtungsanordnung, wer weiß.
MONIKA: Danke.
Sie geht ab, zur Toilette. Zärtlich wie immer, wenn es um «seine» Kinder geht, fragt Reinbek Esther, obgleich ja nicht er die Insemination vornahm, und legt einen Moment seine flache Hand auf ihren Bauch –
REINBEK:
Bewegt sich's heftig und oft? Auch kein Kleines!
ESTHER: Oft bewegt sich's – heftig nie, im Gegenteil:
als schlage ein Schmetterlings-Flügel
gegen den Handrücken, so sanft. Wunderbar.
Doch kaum zu sagen – ich Großmutter
bin süchtig nach meinem Mann,
wie seit Jahren nicht mehr! Schlimm, was?
REINBEK: Nein, vorsichtig, macht's nur von hinten!
ESTHER, *lacht*: Aber, der käme jetzt nie,
so besorgt ist er um den Enkel!
REINBEK: Wenn Sie doch wollen... Sie sind
ja auch so jung als Schwangere geworden! Geht's weiter?

Er setzt sich wieder auf seinen Angeklagtenstuhl, um zu zeigen, daß er nicht vorschriftswidrig mit «den Parteien» redet oder mit Beisitzern ...

Denn der einarmige Gerichtsdiener kommt, noch immer die zwei Teile der zertretenen Brille in der Rocktasche; er nimmt die in die Hand, sobald er die Brille erwähnt. Er spricht, mit Sprache auf Kriegsfuß, zu Zilliger und Schnittger, die ungefähr gleichzeitig mit ihm zurückgekehrt sind in den Saal; sein schauerliches Küchenschwäbeln ist so abgefeimt, weil sich in ihm eine geradezu klebrige Gemütlichkeit paart mit Amtsrotwelsch, das nun einmal in einem Gericht immer bedrohlich ist ...

GERICHTSDIENER: Entschuldigung, darf ich Sie, daß ich ...
störe, wisse Sie, wo die is ... de Frau Vorsitzende?
Mich ... der schickt mich her ... der Quacker,
der Herr Staatsawalt ...

SCHNITTGER: Wo ist er jetzt?

GERICHTSDIENER: Noch uffm Klo: hört und hört net uff zu laufe ...

SCHNITTGER: Hoffentlich zeigt er das brutale Weib an!

ZILLIGER: Was läuft auf'm Klo?

GERICHTSDIENER: Sei Nas, ich mein: des Blut – die blutet.
Und sehe Se –
Griff in die Tasche
hier: die Brill is total futsch,
sehn kann der au nix mehr!

UHLIG, *hört im Zurückkommen Scheckls letzten Satz*:
Aber meine Frau hat doch nicht seine Brille ...

GERICHTSDIENER:
Wie der gestürzt is durch den Hieb – is ihm die Brill,
da hat er die Brill ... is ihm die hingefallen.
Un als er uffgestande is, da hat er druffgetrete,
hatt er sein Brill selber kaputtgetreten ...
Also die Frau ...
Annelies Heinemann tritt zu ihnen.

Frau Vorsitzende... melde, der Herr Oberstaatsawalt
spricht, er muß zum Arzt, er muß
... er kann net mehr, soll ich sage,
daß er net mehr also
für heut deilnehmen kann am Brozeß.

ZILLIGER, *dann eilig ab mit Schnittger, der dem zurückkommenden Rotenburger ausweichen will*:
Ich denke, ich sehe noch einmal nach ihm!

HEINEMANN *zum Gerichtsdiener, der sofort abgeht mit: «Jawoll!»*:
Läuten Sie, dann schließe ich, wenn alle da sind,
für heute die Verhandlung...
Zu Uhlig, auch zu Rotenburger, sich vorsehend:
Ein bißchen muß die noch dauern,
bis Ihre Frau am Flugplatz ist.
Es läutet. Zuschauer kehren vom Flur zurück in den Saal.
Sollten die kommen vom Jugendamt,
ist es Ihre Sache, die irrezuführen...

UHLIG:
Ich lüge, meine Frau sei zu unserem Hof... die Tasche!

HEINEMANN, *jetzt zu Sonja, die mit der roten Kindertragetasche, wie ihr draußen klargemacht worden ist, wieder zurückkehrt; sie hat ihre Bluse noch nicht ganz vom Stillen geschlossen; die Strickjacke, die sie vorhin trug, hat sie nicht mehr an – die ist in der Tasche, deren Reißverschluß fast ganz zu ist*:
Die Tasche macht sich gut da auf der breiten
Fensterbank... hinter dem Richtertisch.
Jetzt laut, schon amtlich:
Sie, Frau Petrović, werde ich noch vernehmen.
Sonja stellt die Tasche auf die Fensterbank beim Richtertisch. Dann nimmt sie, von Rotenburger geleitet und unhörbar befragt, auf der Zeugenbank Platz. Es läutet abermals.

HEINEMANN, *allein mit Uhlig*: Danken Sie Ihrer Frau;

ohne Ohrfeige, wie hätte ich unterbrechen können?

Sie geht rasch, da Zilliger, Schnittger und Arnold sichtbar werden, zu ihrem Richterplatz. Zilliger holt sie ein und ruft ihr nach, zu hören von fast allen –

ZILLIGER: Frau Vorsitzende! Der Herr Landesanwalt
... gibt für heute auf:
er muß in die Hals-Nasen-Ohren-Klinik;
aus einem Nasenloch blutet er noch immer
– und blind ist er insofern, als seine Brille kaputtging.

HEINEMANN, *leiser als Zilliger sprach, doch durchaus sollen das andere hören*:
Dann kann leider die Frau Zeugin Petrović
nicht mehr vernommen werden...
meine Damen und Herren,
die Verhandlung kann nicht fortgesetzt werden,
da heute der Vertreter des Landes nicht mehr teilnimmt.

ARNOLD, *ruft*: Monsignore Siebenstiehl hat angeboten,
Herrn Staatsanwalt ins Krankenhaus zu fahren.

ZURUFER: O Gott: wie barmherzig!

Alle Zuschauer sind zurückgekehrt, Geraune, Gerede, so daß Frau Heinemann die Glocke benutzt; sie blickt auf die rote Kindertragetasche auf der Fensterbank und sagt zum Gerichtsdiener –

HEINEMANN: Bitte, Herr Scheckl, schließen Sie
das Oberfenster – da über der Kindertasche!
... danke. Meine Damen und Herren,
meine Herren Beisitzer – durch den bedauerlichen Vorfall,
der zu einem Unfall ausgeartet ist,
muß ich, wie schon gesagt, für heute leider schließen.

ARNOLD *steht in der ersten Reihe auf und ruft, seinen bedrohlichen Verfügungsschrieb schwenkend wie einen Vereinswimpel*:
Ich protestiere, das Gericht hat auch noch die Aufgabe...

HEINEMANN, *eisig, leise, ihre ganze Energie ist eingesetzt in diesen Worten*:

Setzen Sie sich, fallen Sie mir nicht ins Wort.
Wie kann man ausgerechnet ein Jugendamt leiten,
wenn man selber keine Kinderstube hat!
Sie spielt auf Zeitgewinn, noch kann Lisbeth nicht gestartet sein. Arnold will etwas erwidern, wagt es nicht, setzt sich zögernd, die Vorsitzende fährt rasch fort:
Wir danken Ihnen, Frau Petrović, daß Sie
Annelies Heinemann weist auf die Tasche am Fenster
sich die Mühe machten, den Säugling im Gericht
zu zeigen und damit schon den Beklagten
von dem schwersten Vorwurf befreit haben,
er habe eine Totgeburt vertuscht.
Sie müssen zur nächsten Sitzung
das Kind nicht noch einmal mitbringen.
Der nächste Verhandlungstermin wird Ihnen allen
rechtzeitig mitgeteilt, ich danke und schließe
für heute die Verhandlung.

ARNOLD *tritt an Sonja vorbei, die zur Fensterbank geht, um die Tasche zu nehmen; bleibt am Richtertisch stehen und zieht wieder den blauen Brief heraus und legt ihn vor Frau Heinemann und sagt so rasch wie siegessicher*:
Einspruch! Ich erhebe Einspruch, Frau Vorsitzende.
Diese Einstweilige Verfügung, wie Sie wissen,
ist im Zuge der Rechtshilfe durch jedes Gericht
der Bundesrepublik zu vollstrecken,
weil sie – wegen Verdunkelungsgefahr –
keinen Aufschub zuläßt.
Namens des Landesjugendamtes verlange ich sofortige
Überführung des Kindes
in die Obhut meiner Behörde, bis geklärt ist...
Ich ersuche Sie zu verhindern, daß diese Frau jetzt...

HEINEMANN: Nehmen Sie Platz!
Meine Herren Beisitzer, bestätigen Sie,
daß dieses juristisch eindeutige und einwandfreie Papier
tatsächlich (setzen auch Sie sich, Frau Zeugin Petrović!)

– tatsächlich eine Einstweilige Verfügung ist.
Aber sie ist dennoch gegenstandslos:
sie bezieht sich auf ein anderes Kind als – dieses!

ARNOLD *steht auf, ruft väterlich besorgt, denn Sonja hat inzwischen die Tasche zu ihren Füßen, sitzt auf der gleichen Bank wie Arnold, der nun sieht, was er sagt*:
Das Kind kriegt ja keine Luft!
Die Tasche ist ja: der Reißverschluß zu!

SONJA, *ganz ruhig zu dem Gericht mehr als zu Arnold*:
Das Kind ist in frische Luft; vor Kadi
ist für Säugling keine gebrauchbare Luft.
Ist draußen mit seine Mutter.

ARNOLD *hebt die Tasche hoch*:
Nicht in dieser Tasche? Haben Sie die mitgebracht,
um meine Behörde irrezuführen?
Wo ist das Kind?

HEINEMANN, *zum Einarmigen*:
Herr Scheckl, bitten Sie drüben aus meinem Zimmer
Frau Uhlig mit dem Kind herein... Zimmer acht.

SCHECKL – *und ab*:
Jawoll, Frau Uhlig drüben aus meinem Zimmer...

SONJA, *hat die Tasche ausgepackt*:
Wenn ich habe gestillt, ist mir zu warm...
deshalb meine Jacke: da!
Sie zieht sie aus der Tasche. Ruft:
Nein – er muß der Mann nicht drüben holen,
nicht drüben... Frau und Kind: nein!

HEINEMANN, *macht das täuschend*:
Halt, Herr Scheckl! Was ist, Frau Zeugin?

SONJA:
Sie, Frau Richter, als ich hab gestillt, mir sagten, soll aussagen
über belgierische Geburt... aber nicht zu Frau Uhlig,
daß sie soll aussagen.

HEINEMANN: Nein, warum auch?

SONJA: Ja, warum auch, sie ist in bessere Luft als vor Kadi.

Sie hat ihm, Säugling, rausgenommen,
gezeigt, daß er nicht ist – tot.
Genug. Genug für Gericht, oder?
Säugling ja doch nicht kann Aussage zu Kadi,
wie er registriert in belgierische Ämter.

ARNOLD, *verliert die Nerven*:
Aber wo ist jetzt das Kind!

SONJA, *als ärgere sie die Dummheit der Frage*:
Bei seine Mutter, wo er gehört. Zu Hause –

HEINEMANN: Herr Oberamtsrat:
das Kind ist auf dem Bauernhof, offenbar,
wo es mit seiner Amme lebt. Sie haben heute früh gehört,
daß die Zeugin nicht aus Brüssel kam
wie Familie Uhlig, sondern vom Hof.
Sie haben die Falschaussagen
der Anzeigerin Weigander,
wenn das Kind nicht tot sei, sei es unterschoben,
dem Amtsgericht ohne Überprüfung
als wahr angegeben ... ich vermute, Herr Dr. Uhlig
wird Sie, wie angekündigt, anzeigen!

ARNOLD: Ich bestehe darauf, daß er jetzt die Papiere
des Kindes zeigt.

HEINEMANN, *schroff*: Die Verhandlung ist geschlossen,
wenden Sie sich an das Vormundschaftsgericht!

UHLIG, *ruhig*: Die Papiere sind, wohin sie gehören:
bei der Mutter des Kindes,
fahren Sie nachher mit auf meinen Hof,
dann können Sie die einsehen.
Verklagen tue ich Sie trotzdem wegen Beleidigung.

ARNOLD, *schreit*: Wo ist Ihr Hof – in Brüssel?

UHLIG: Hier!
Dreiundzwanzig Kilometer vom Zentrum.

ARNOLD, *um zu retten, was zu retten ist, geht rasch zum Richtertisch*:
Geben Sie meine Einstweilige Verfügung zurück.

HEINEMANN:

Nein, die beruht nachweislich auf Falschaussagen.

ARNOLD, *greift nach dem Papier – sie ist rascher und entzieht es ihm; er brüllt*:

Falschaussage... will er leugnen, wollen Sie,
Frau Vorsitzende, Beihilfe leisten, Reinbeks und Uhligs
Kindesunterschiebung zu vertuschen?

HEINEMANN:

Gehen Sie an Ihren Platz! Herr Reinbek hat in der Klinik
kein Papier angelegt, um keine Rechnung schreiben zu müssen,
das ist keine Beihilfe zur Kindesunterschiebung.
Und wie, Herr Dr. Uhlig, haben Sie in Brüssel
die Geburt angemeldet?

UHLIG: Indem ich die Wahrheit sagte, erstens im Spital,
zweitens auf dem Standesamt: ich nannte den Namen
der Eltern und den des Kindes.

ARNOLD, *ruft*:

Haben Sie der Klinik wahrheitsgemäß Angabe gemacht,
daß dort im Bett nicht Ihre Frau,
sondern die Zeugin hier entbunden wird?

UHLIG: Wer im Bett liegt, hat keiner gefragt.
Wollen Sie jetzt den Beweis antreten,
daß ein Kind, entstanden aus dem Ei meiner Frau
und meinem Samen, nicht unseres ist,
sondern der Amme gehört, die es jetzt an der Brust stillt,
so wie sie es vorher sieben Monate
in ihrem Leib genährt hat?

ARNOLD *kann nicht antworten, tritt wieder rasch, da er schon merkt, er hat verloren, an den Richtertisch und versucht das Papier zu ergattern*:

Geben Sie meine Einstweilige Verfügung heraus, sonst –

HEINEMANN, *sehr sanft, so rasch sie ihm auch zuvorkam*:

Nie kriegen Sie die.
Denn Sie könnten damit einen Richter übertölpeln,
so wie beinahe mich, hätten nicht – zufällig –

die Ärzte Reinbek und Rotenburger
mich informiert, wer die Eltern sind...

ARNOLD, *schreit*: Mutter ist, wer es geboren hat.

HEINEMANN, *souverän*: Mutter ist,
von wem es abstammt!
So steht es im Bürgerlichen Gesetzbuch.
Und daher kriegen Sie das Kind nicht.
Nicht von mir.
Vielleicht von einem anderen:
weshalb ich das Papier besser behalte.

ARNOLD, *außer sich schreit er*: Ich protestiere.

HEINEMANN, *und steht schon auf, um zu gehen, wie fast alle schon gegangen sind*:
Tun Sie's beim Vormundschaftsgericht.

ARNOLD, *tritt noch einmal an sie heran*:
Geben Sie das Papier zurück, bitte.

HEINEMANN *lacht und ist schon im Abgehen; Schnittger und Zilliger sitzen noch da*:
Nie – bringe doch keine falschen Papiere in Umlauf!
Der Zettel da bezieht sich auf ein Kind, das es nicht gibt.

ROTENBURGER, *der hinzugetreten ist*:
Die Zeugin hat keinen Säugling, sie stillt einen!
Hätten Sie früher bei einer Amme
anderer Leute Kind gekidnapped?

ZURUFER, *unsichtbar wie stets, hat ein Lachen von geradezu göttlicher Häme losgelassen.*

ARNOLD *nimmt den Mantel von der Bank, läuft weg, drei Schritte, kommt zurück, nimmt seinen Hut, setzt ihn auf und schreit gegen die lärmende Lache*:
«Gekidnapped» – ist nicht das letzte Wort!
Arnold ab, so wuttoll, daß er den Einarmigen fast umrennt.

HEINEMANN, *zu Uhlig, der zu ihr und Sonja getreten ist, sie sind im Vordergrund allein*:
Das letzte Wort – das nächste Flugzeug!

ROTENBURGER *ergänzt; Zilliger macht sich kommentarlos davon*:
Und die Moral von dem Gericht:
reist ohne Zwang nach Deutschland nicht!
HEINEMANN: Ich trage mich als Patin an,
vorausgesetzt, daß nicht Siebenstiehl tauft.
UHLIG, *lacht*: Danke – ja, Juristen als Paten
kann hierzulande jedes Kind gebrauchen.
Wie zahle ich Lisbeths Ordnungsstrafe?
HEINEMANN: Preiswerter durfte ich's nicht machen.
REINBEK: Der zahlt's ein!
Er zeigt auf den Gerichtsdiener, den wieder ein Gähnkrampf krümmt und fast blind macht.
UHLIG, *während die beiden abgehen, gefolgt von Rotenburger; der Saal ist schon ziemlich leer, sagt zu Sonja*:
Wir fliegen um vier. Lisbeth kommt morgen zurück,
damit sie dich bei den Kühen vertritt.
SONJA, *im Abgehen, mit der Tasche*:
Und wann darf der Junge auf unseren Hof?
UHLIG, *hat den Gerichtsdiener herangewinkt, hat Sonja nicht mehr geantwortet, sondern nur skeptisch ratlos den Kopf bewegt*:
Sie kennen die Gerichtskasse, Herr Wachtmeister...
SCHECKL, *mit Würde*: Oberwachtmeister! Natürlich:
Zimmer 384, dritter Stock.
UHLIG, *hält ihm zwanzig Mark hin*:
Herr Oberwachtmeister, ob Sie – zwanzig für Sie –
die Ordnungsstrafe meiner Frau begleichen?
SCHECKL, *stramm, laut*:
Jawoll, Ordnungsstrafe meiner Frau, jawoll, danke schön!
UHLIG *zählt ihm zwei Hunderter und zwei Fünfziger hin, gibt ihm dann seine Visitenkarte*:
Da – ihr Name: Lisbeth Uhlig – danke.
SCHECKL, *hüpft ihm nach, Uhlig schon im Abgehen*:
Bitte, was muß ich sage for die? Was...

wofor die – wofür die …
– für was, muß ich sage, sin die, die dreihunnert?
UHLIG, *lakonisch*: Fürs Nasenbein des Staatsanwalts.
SCHECKL, *mit Würde*:
Der is scho Ober-Staatsawalt!

Schluß – Vorhang

Rolf Hochhuth –

ferner liegen vor:

Ärztinnen
Fünf Akte
200 Seiten. Broschiert und als
rororo 5703

Juristen
Drei Akte für sieben Spieler
210 Seiten. Broschiert und als
rororo 5192

Eine Liebe in Deutschland
320 Seiten. Gebunden (Jubiläumsbibliothek) und als
rororo 5090

Tell 38
Dankesrede für den Basler Kunstpreis 1976
am 2. Dezember in der Aula des Alten Museums
Anmerkungen und Dokumente
160 Seiten. Broschiert

Tod eines Jägers
123 Seiten
das neue buch 68

Rowohlt

Rolf Hochhuth –

ferner liegen vor:

Die Hebamme
Komödie
Erzählungen, Gedichte, Essays
496 Seiten. Gebunden (Sonderausgabe) und als
rororo 1670

Guerillas
Tragödie in 5 Akten
224 Seiten. Broschiert und als
rororo 1588

Der Stellvertreter
Ein christliches Trauerspiel
Mit Essays von Sabina Lietzmann, Karl Jaspers,
Walter Muschg, Erwin Piscator, Golo Mann
rororo 997

Spitze des Eisbergs
Ein Reader
Herausgegeben von Dietrich Simon
336 Seiten. Broschiert

Rolf Hochhuth – Eingriff in die Zeitgeschichte
Essays zum Werk
Herausgegeben von Walter Hinck
288 Seiten. Kartoniert